PÁSAME OTRO LADRILLO

Charles R. Swindoll

GRUPO NELSON
Una división de Thomas Nelson Publishers
Desde 1798

NASHVILLE   DALLAS   MÉXICO DF.   RÍO DE JANEIRO   BEIJING

PASAME OTRO LADRILLO

© 1980 EDITORIAL CARIBE
P.O. Box 141000
Nashville, TN 37214-1000

Publicado originalmente en inglés con el título de
HAND ME ANOTHER BRICK
Copyright © 1978 por Charles Swindoll
Publicado por Thomas Nelson Publishers
Nashville, Tennessee 37214

Versión castellana: M. Francisco Liévano R.

ISBN 0-88113-315-9
ISBN 978-0-88113-315-8

Printed in U.S.A.

E-mail: caribe@editorialcaribe.com
19ª Impresión
www.caribebetania.com

Dedico con gratitud este libro al personal de mi equipo cuya lealtad aprecio y cuyo liderato admiro. Cada uno de ellos representa el mensaje de este libro.

Contenido

Introducción

Este es un libro práctico que trata acerca del liderato. Mi deseo es triple: (1) ser *exacto* con los hechos en cuanto se relacionan con este tema y con las Sagradas Escrituras; (2) ser *claro*, es decir, no técnico, y mantenerme libre de expresiones gastadas que no tienen significación; y (3) ser *pertinente* y corriente en mis comentarios, explicando cómo pueden ponerse en práctica estas ideas y sugerencias.

Este no es un libro de teoría. Dejaré los aspectos filosóficos y sicológicos del liderazgo y el desarrollo del carácter a los expertos en esos temas. Mi enfoque se fundamenta en observaciones realistas que he hecho durante los últimos 25 años en diversas áreas de experiencia personal: un período en la Infantería de Marina de los Estados Unidos de América (liderazgo militar), varios años en la escuela de postgrado (liderato educacional), empleo en industria y comercio (dirección laboral y de corporación), casi dos décadas en iglesias, tanto en los Estados Unidos de América como en ultramar (liderato eclesiástico), y como esposo y padre de cuatro hijos activos (liderazgo doméstico).

Como estudiante de la Biblia, continúo descubriendo más y

más verdad sobre este tema. Me parece una vergüenza continuar ocultándola o escondiéndola en mis archivos, especialmente cuando se habla tan poco desde el punto de vista *bíblico*. Como estoy convencido del profundo y poderoso impacto que hace la Palabra de Dios en aquellos que espigan su sabiduría, con genuina emoción comparto estos pensamientos.

Tengo la esperanza de llegar, por medio de esta obra a dar una idea representativa del mundo de hoy: desde el joven entusiasta que está motivado con el pensamiento de dirigir a otros, hasta el alto ejecutivo que vive en la arena amenazadora de las decisiones difíciles y las demandas agotadoras. Escribo estas palabras por el profundo respeto que siento hacia estos hombres y mujeres, cuya esfera de influencia les ha llevado largas horas y reflexión disciplinada.

No es envidiable la vocación de ser dirigente. Parece encantadora y gloriosa; pero a menudo es solitaria y desagradecida. Como veremos, los mejores dirigentes realmente son siervos. Sin egoísmo se entregan al cumplimiento de los objetivos, sin pensar en el sacrificio ni en el costo. Los peligros están siempre presentes y el trabajo es grande. Pero así lo están también las recompensas, aunque sean transitorias.

Originalmente, este material fue presentado a la atenta y sensible congregación de la iglesia a la cual sirvo como pastor principal, la Primera Iglesia Evangélica Libre de Fullerton, California. Poco después de haber concluído la serie en 1974, numerosos amigos y miembros de la iglesia me solicitaron que publicara este material. Desde entonces he estado compartiendo estos pensamientos en diversas conferencias bíblicas, universidades cristianas y seminarios relacionados con el liderato. No puedo recordar ni una sola ocasión posterior a la presentación de tales conferencias en que no hubiera individuos que me instaran a publicarlas. Después de larga espera, me complace (¡y me siento aliviado!) decir que está hecha la obra. Dudo que yo hubiera pensado en esta empresa, si no hubiera sido por el estímulo de muchas personas que me animaron, cristianos y no cristianos por igual.

Aprecio, más de lo que puedo expresar con palabras, la ayuda editorial que me brindó Brenda Arnold, cuyos consejos y sugerencias resultaron valiosos. Una vez más quedo grandemente endeudado con Helen Peters por su ayuda como secretaria en la transcripción del material original y posteriormente, en la copia final del manuscrito con mucho interés personal, notable rapidez y devota preocupación. Y a mi esposa Cynthia, constante compañera, mi fuente de estímulo y discusiones penetrantes, expreso mi profunda gratitud. Sólo ella sabe el severo proceso por el cual tuvieron que pasar estos pensamientos para expresarlos en palabras, y finalmente publicar estas palabras en forma de libro.

A Dios sea la gloria.

C.R.S.
Fullerton, California
enero, 1978

uno

Las circunstancias a la mano

Eche usted una mirada al periódico de hoy y probablemente hallará una noticia más sobre el fracaso en el liderato. En lo que respecta a los Estados Unidos de América, aún no se había dormido Watergate, ni habíamos salido completamente de los escándalos sexuales de Washington, cuando ya nos encontrábamos frente a frente con otro delicado asunto, llamado por algunos "Corea-gate": la venta de influencia extranjera en el congreso.

La crisis de Uganda en su totalidad es básicamente una crisis de liderato. Y la reciente revelación de que la planta de la General Motors colocó motores Chevrolet en ciertos modelos de automóviles Buick y Oldsmobil, no fue en el fondo, sino una crisis de dirección.

Una escena similar existe hoy en muchas iglesias, organizaciones cristianas e instituciones educacionales. Aunque en la superficie, las cosas parezcan estar suave y establemente de debajo del fino barniz superficial no es raro hallar luchas internas y confusión en la organización. Los tradicionalistas van contra los innovadores. Algunos anhelan nuevos planteamientos, frescos y menos estructurados para hacer frente al desafío

13

de una generación más espontánea de participantes. Otros prefieren una filosofía fija, permanecen con el *status quo,* se mantienen alejados de lo novedoso y de los estilos siempre cambiantes. La necesidad de dirección se deja oir fuerte y claramente.

Gran parte de nuestra frustración personal en la vida diaria es resultado directo de una dirección defectuosa: tensiones en el trabajo, interrupción de las comunicaciones en la comunidad, luchas por el poder en la reunión del distrito o de la comunidad, y mal cuidado de nuestros hijos y de nuestros hogares.

¿QUE ES UN LIDER?

¿Qué queremos dar a entender cuando utilizamos las palabras *liderato* o *liderazgo*? Si se me pidiera que definiera con un solo término cualquiera de estas palabras, lo definiría con la palabra *influencia.* Uno dirije a otro individuo en la medida en que influye en él.

El finado presidente Harry Truman se refería a menudo a los líderes como las personas que pueden conseguir que otros hagan lo que no quieren hacer, ¡y que lo hagan con agrado!

Sobre el tema del liderato se han escrito resmas y pilas de libros. Son pocos los hombres de negocios y los profesionales que no tienen una copia de la obra de Dale Carnegie, *Cómo ganar amigos e influir en la gente,* que es un volumen sobresaliente sobre el tema del liderato y de las relaciones personales. Otro libro ampliamente leído sobre este tema es *Power of Positive Thinking* (El poder del pensamiento positivo), de Norman Vincent Peale. Aun libros como *Winning Through Intimidation* (Triunfo por medio de la intimidación) y *I'm O.K., You're O.K.* (Yo estoy bien, tú estás bien) se relacionan con el liderato en cuanto tratan el tema relacionado con el manejo de los encuentros personales.

MANUAL PARA LIDERES

Sin embargo, hay un libro, que fue escrito alrededor del año 425 a. de J.C., que cobra importancia como una obra clásica sobre el tema del liderato efectivo. No obstante este hecho, tal libro es extrañamente oscuro y virtualmente desconocido para la gente de hoy. Fue escrito por un hombre que fue prominente en los negocios y en la política en el antiguo Medio Oriente. No sólo poseía una excepcional filosofía personal, sino que también *la vivió* personalmente. Durante su vida, este caballero se levantó de la total oscuridad hasta el reconocimiento nacional. El libro de él lleva su nombre: Nehemías.

Creámoslo o no, lo que Nehemías dijo con respecto al liderato se refiere a los mismos asuntos a que usted y yo nos enfrentamos hoy. Por ejemplo, en su libro aprendemos:

- cómo relacionarse uno con un jefe irritable;
- el equilibrio que debe haber entre la fe en Dios y la planificación personal;
- cómo manejar la desilusión ejecutiva;
- qué hacer con la crítica injustificada.

En su manual bíblico para los líderes potenciales hallamos principios eternos y fidedignos muy efectivos. Esos principios nos capacitan para saber cómo formar características de calidad en nosotros mismos y en otras personas; aquella clase de características que rara vez se ve hoy. Estas verdades no son "descargadas" de golpe sobre nosotros, sino que más bien son ejemplificadas por Nehemías mientras realiza un increíble proyecto luchando contra inconcebibles obstáculos.

A medida que usted sigue en forma absorta la historia de Nehemías, se hallará en un diálogo imaginario con él, en el cual dirá cosas como las siguientes:

"Nehemías, tú eres un tipo como yo. Necesito que las características que te dieron el éxito se transfieran a mi propia vida. ¡Pásame otro ladrillo, para lograr mi pleno potencial y llegar a ser todo lo que Dios ha querido que yo sea!"

Antes de llegar al fin de la historia, usted se sorprenderá de ver cuántos ladrillos de carácter pasaron de las manos de él a las de usted.

UN HOMBRE DEL TAMAÑO DEL PROBLEMA QUE SE PRESENTE

En lo que concierne a los rasgos del que dirige, Nehemías no fue diferente de los individuos notables cuyos nombres son bien conocidos. Teodoro Roosevelt, vigésimosexto presidente de los Estados Unidos de América, por ejemplo, fue un dirigente que impuso cargas duras. Mientras estuvo en el poder fue odiado o admirado. Uno de sus ardientes admiradores exclamó una vez ante él: "Señor Roosevelt, ¡usted es un gran hombre!" Con su característica honestidad, éste, respondió: "No, Teddy Roosevelt es simplemente un hombre ordinario, común y corriente, que está altamente motivado". Ciertamente se puede decir que su respuesta describe a la mayoría de los líderes, incluso Nehemías: un hombre ordinario, común y corriente, pero *altamente motivado.*

Edwin Markham expresó una similar admiración por Abraham Lincoln: "Este era un hombre que se medía con el mundo, un hombre que se igualaba a las montañas y al mar".[1]

No pareciera que tan descollantes palabras pudieran describir a una persona ordinaria, ¿verdad? Pero un momento. Cuando Dios pone su mano sobre una persona ordinaria, común y corriente a quien ha escogido para que sea dirigente, a esa persona se le dan capacidades para igualarse a las montañas, bien sea Roosevelt, Lincoln, Nehemías, o un individuo como usted y como yo. ¡El motiva a los líderes para que logren metas, para que se mantengan trabajando, para que pasen ladrillos!

Aunque Nehemías fue un hombre ordinario que estaba abajo, emerge como uno de los más prominentes líderes de la historia. El fue altamente motivado por Dios para hacer una obra rodeada de muchas circunstancias difíciles.

Antes de meternos en los elementos específicos de cómo aprender de Nehemías el liderato efectivo, necesitamos conocer algo de historia. Tratar de estudiar y apreciar a Nehemías, sin algún conocimiento de este período histórico de transición, sería como visitar el viejo puente Concord en Massachussets o la Campana de la Libertad en Filadelfia, sin tener ningún conocimiento sobre la Guerra de Revolución. Así que, detengámonos un rato para echar una mirada, en las páginas restantes de este capítulo a los eventos que produjeron la época en que vivió Nehemías. Luego estaremos listos para hacer un cuidadoso estudio del líder Nehemías.

UNA MIRADA A LA HISTORIA

La historia judía comienza con Abraham aproximadamente unos 2.000 años a. de J.C. Pero sólo mil años después llegó Israel a tener significado mundial como nación, en el tiempo de Saúl, David y Salomón. En los reinados sucesivos de estos tres reyes, la bandera de Israel ondeó orgullosamente sobre la nación. Finalmente, Israel fue reconocido como una gran potencia militar durante el período de 40 años del reinado de David.

David llevó adelante la causa de Israel en proporciones notables. Al morir, entregó el trono a su hijo Salomón. Y si usted conoce la Biblia, sabe que Salomón, en la última parte de su vida había transigido tanto con el mundo que Dios lo juzgó.

"Y dijo Jehová a Salomón: Por cuanto ha habido esto en ti, y no has guardado mi pacto y mis estatutos que yo te mandé, romperé de ti el reino, y lo entregaré a tu siervo. Sin embargo, no lo haré en tus días, por amor a David tu padre; lo romperé de la mano de tu hijo" (1 Reyes 11:11, 12).

Cuando Salomón murió, hubo una división en las filas militares de la nación. Israel se convirtió en un reino dividido: diez tribus emigraron hacia el norte y establecieron su capital en Samaria; las otras dos se marcharon hacia el sur y se establecieron en Jerusalén y en sus zonas circundantes. Durante este período de división y guerra civil, a las tribus del norte se les dio el nombre de *Israel*, y al grupo del sur, *Judá*.

Así como la decadencia más baja en la historia de los Estados Unidos de América ocurrió cuando los estadounidenses tomamos las armas los unos contra los otros en nuestra Guerra Civil, así sucedió con esta división norte-sur en la historia judía. Ellos llegaron nacionalmente a su hora más oscura, no cuando fueron atacados desde afuera, sino cuando fueron atacados desde adentro, y los muros de su herencia espiritual comenzaron a derrumbarse. Durante este período de división, literalmente se desató todo el infierno. Prevalecieron las condiciones caóticas.

Dios castigó a Israel cuando fue invadido por los asirios en el año 722 a. de J.C. Las diez tribus desaparecieron; el Reino del Norte dejó de existir. Pero algunos del pueblo del norte huyeron hacia el sur para escapar del dominio asirio.

La tierra de Judá siguió siendo una nación judía durante más de 300 años. Sin embargo, en 586 a. de J.C., Nabucodonosor, rey de Babilonia, invadió a Jerusalén (y a todo Judá) y llevó cautivo a su pueblo. Con esto comenzó la llamada "Cautividad babilónica". El relato bíblico que se halla en 2 Crónicas 36:18, 19 registra el fin de la historia de Judá y el comienzo de la cautividad babilónica.

> Asimismo todos los utensilios de la casa de Dios, grandes y chicos, los tesoros de la casa de Jehová, y los tesoros de la casa del rey y de sus príncipes, todo lo llevó a Babilonia. Y quemaron la casa de Dios, y rompieron el muro de Jerusalén, y consumieron a fuego todos sus palacios, y destruyeron todos sus objetos deseables.

Quemaron la casa de Dios, el templo, y rompieron el muro protector que rodeaba la ciudad. (Pensemos especialmente en las palabras "la casa de Dios" y "el muro", pues un poco después trataremos sobre lo que significan.) Fueron destruidos a fuego todos los edificios fortificados y también todos los artículos de valor que había en el templo.

Si usted es veterano de la Segunda Guerra Mundial, tal vez vio Berlín o Tokio al finalizar la guerra. Después de la destrucción de Jerusalén por los babilonios, la ciudad quedó más o menos en la misma condición. ¡Fue totalmente arrasada! El magnífico lugar en que una vez se manifestaba la gloria de Dios fue destruido. El muro quedó en ruinas, y los perros salvajes se alimentaban con cualesquiera restos comestibles que encontraran. Los ejércitos de Babilonia marcharon de regreso con todos los tesoros de Judá.

El Salmo 137 fue escrito durante este tiempo deprimente. El salmista exclamó: "¿Cómo cantaremos cántico de Jehová en tierra de extraños?" (versículo 4). Los babilonios llegaron y se llevaron cautivos a los israelitas. Se había terminado su canto. En 2 Crónicas 36:20 se agrega una palabra final:

> Los que escaparon de la espada fueron llevados cautivos a Babilonia, y fueron siervos de él y de sus hijos, hasta que vino el reino de los persas.

Esto es importante. Los judíos que salieron con vida del

sitio de Jerusalén fueron atados, encadenados como esclavos y enviados a Babilonia, a lo largo de un camino de casi 1300 kilómetros. Y dominados por Nabucodonosor y por su perverso hijo, vivieron como habían vivido siglos antes en Egipto, como esclavos de una potencia extranjera.

Pero Dios no los olvidó. El tenía un propósito y un plan. Notemos cómo concluye el versículo 20: ". . . hasta que vino el reino de los persas". Lo que sucedió fue lo que sigue. Hubo un rey llamado Ciro, que gobernaba a Persia, y otro rey, Darío, que gobernaba en la vecina Media. Las dos naciones eran aliadas, pero como la fuerza persa era la mayor de las dos, a los dos países se les daba a menudo simplemente el nombre de "el reino de Persia". Los medos y los persas invadieron a Babilonia y la tomaron, y forzaron al imperio babilónico a rendirse. ¿Qué sucedió entonces? Lo leemos en 2 Crónicas 36:22:

> Mas al primer año de Ciro rey de los persas, para que se cumpliese la palabra de Jehová por boca de Jeremías, Jehová despertó el espíritu de Ciro rey de los persas, el cual hizo pregonar de palabra y también por escrito . . . .

¿Creía Ciro en Dios? No. Superficialmente pudiera parecer que era creyente, pero no lo era. Sin embargo, se preocupó por el bienestar de los judíos. Dios no se limita a trabajar sólo con su pueblo. Cuando así lo decide, el trabaja en las vidas y en las mentes de los que no creen en El. Mueve los corazones de los reyes para que cambien de un plan a otro. Y esto fue lo que hizo con Ciro. El plan final de Dios era el de que los judíos regresaran a su tierra.

Ciro envió una proclamación escrita a través de todo su reino, que decía:

> Así dice Ciro, rey de los persas: Jehová, el Dios de los cielos, me ha dado todos los reinos de la tierra; y él me ha mandado que le edifique casa en Jerusalén, que está en Judá. Quien haya entre vosotros de todos su pueblo, sea Jehová su Dios con él, y suba (2 Crónicas 36:23).

Lo que decía era lo siguiente: "Que el pueblo de Dios regrese, que regrese a esa ciudad que fue destruida hace 70 años". Algunos historiadores bíblicos llaman a este período de la historia "El Segundo Exodo". Y de este modo regresaron los judíos a Jerusalén bajo la dirección de tres hombres.

La "Compañía A" fue la que salió primero comandada por Zorobabel. Unos ochenta años después, salió de Babilonia otro grupo, la "Compañía B". Su comandante en jefe fue Esdras. Para este tiempo ya había muerto Ciro, y Medo-Persia era gobernada por Artajerjes. Luego, 13 años más tarde, Nehemías condujo la "Compañía C" de regreso a la ciudad destruida.

¿Recuerda usted que le pedí que pensáramos especialmente en los términos "la casa de Dios" y "el muro"? He aquí la razón por la cual lo hice. Quería que usted recordara "la casa de Dios", por cuanto ese es el tema principal del libro de Esdras; y "el muro" de Jerusalén, por cuanto ese es el corazón del libro de Nehemías. El libro de Esdras (que se halla precisamente antes del libro de Nehemías en el Antiguo Testamento) registra la manera como fue reconstruida la casa de Dios en la ciudad de Jerusalén. Pero el templo de Jerusalén quedó sin protección durante 90 años, hasta que Dios llevó a Nehemías al liderato necesario para construir el muro. Precisamente a los relatos sobre ese proyecto los llamamos el libro de Nehemías.

EXAMEN PREVIO DEL LIBRO

Cuando leemos en Nehemías 1:3, descubrimos que tiene gran significado.

> . . . El remanente, los que quedaron de la cautividad, allí en la provincia, están en gran mal y afrenta, y el muro de Jerusalén derribado, y sus puertas quemadas a fuego.

Nehemías respondió diciendo:

> Cuando oí estas palabras me senté y lloré, e hice duelo por algunos días, y ayuné y oré delante del Dios de los cielos (versículo 4).

En el libro de Nehemías, el hombre que dirigió a su pueblo desempeña tres papeles distintos. Al principio del libro es el *copero* del rey. A mitad de la historia es el *constructor* de un muro. Y en la tercera parte del libro, es el *gobernador* de la ciudad y de las áreas adyacentes a Jerusalén.

El Copero

Artajerjes fue el rey a quien Nehemías servía de copero. La posición de copero no parece impresionar a nadie. Es comparable a la del lavaplatos, o en el mejor de los casos, a la del despensero o a la del mesonero. Pero el copero era mucho más importante que todo eso. Probaba el vino antes que el rey lo tomara, y el alimento antes que el rey lo comiera. Si la comida estaba envenenada o alguien intentaba hacerle al rey una mala pasada con una bebida narcotizada, el copero desparecía, pero ¡viva el rey! Y a través de esta costumbre se creaba una intimidad entre el que probaba y el que participaba, entre el copero y el rey. En efecto, los antiguos historiadores sugirieron que el copero, como ninguna otra persona aparte de la esposa del rey, estaba en una posición en que podía influir en el monarca.

Un erudito del Antiguo Testamento menciona que el copero

... era escogido por su belleza personal y atracción, y en las antiguas cortes orientales siempre era una persona de rango e importancia. Por causa de la naturaleza confidencial de sus deberes y de su frecuente acceso a la presencia real, poseía gran influencia.[2]

Muchos coperos utilizaron su oficio para lograr algunos ingresos extraordinarios al hablar a favor de individuos que estaban en el campo y querían una promoción gubernamental o un tratamiento de alto rango. El copero era un consejero íntimo del rey.

Nehemías había establecido una buena relación con el rey Artajerjes, pero aquél tenía una carga en su corazón. ¡El mismo necesitaba un favor político! Cuando Nehemías oyó que el muro de Jerusalén estaba destruido, oyó también a Dios que le decía: "Quiero que tú seas el líder en la construcción de ese muro. Tú eres mi hombre para esta tarea".

Pero en vez de salir corriendo hacia la presencia del rey para decirle: "Dios me ha dicho que regrese a Jerusalén a construir un muro. ¡Soy el hombre de Dios!" Nehemías oró pidiendo consejo a Dios. En efecto, a través de todo el libro encontraremos a Nehemías pidiendo al Señor su dirección.

El Constructor

Comenzando en el capítulo 2, versículo 11, vemos que Nehemías cambia a su segundo oficio; se convierte en un *constructor*, y en ese oficio resulta ser un hombre sabio.

Las nuevas ideas parece que marchan por tres caminos. Primero, el *rechazo*. Uno tiene una idea sobre algo nuevo. La persona a la cual se lo dice, contesta: "Eso no es efectivo". Uno pregunta: "¿Por qué?" La persona responde: "Porque eso ya lo hemos probado". O responde: "Nadie lo ha hecho jamás". Así que la idea es rechazada. El segundo camino es el de la *tolerancia*: "Bueno, lo permitiré mientras . . ." El tercero es la respuesta ideal: la *aceptación*: "¡Hagámoslo!"

Como Nehemías sabía que todavía no era tiempo, no le dijo a nadie que él iba a reconstruir el muro de Jerusalén. Luego montó en su caballo en horas avanzadas de la noche (uno puede ver que la luna brilla sobre las ruinas del muro), y dijo:

> . . . Y salí de noche por la puerta del Valle hacia la fuente del Dragón y a la puerta del Muladar; y observé los muros de Jerusalén que estaban derribados, y sus puertas que estaban consumidas por el fuego. Pasé luego a la puerta de la Fuente, y al estanque del Rey; pero no había lugar por donde pasase la cabalgadura en que iba (Nehemías 2:13, 14).

Aparentemente, la pila de escombros era tan alta que él no pudo pasar a caballo. Pero vio lo suficiente como para comprender qué debía hacerse, y también cuán difícil sería la tarea. Pero él se guardó los planes para sí.

> Y no sabían los oficiales a dónde yo había ido, ni qué había hecho; ni hasta entonces lo había declarado yo a los judíos y sacerdotes, ni a los nobles y oficiales, ni a los demás que hacían la obra (versículo 16).

Los capítulos 3, 4 y 5 de Nehemías nos hablan acerca de la obra de construcción del muro. A pesar de los grandes obstáculos, y de los enemigos internos y externos, ellos terminaron la tarea. El clímax, el "corte de la cinta", se nos narra en Nehemías 6:15:

> Fue terminado, pues, el muro, el veinticinco del mes de Elul, en cincuenta y dos días.

El Gobernador

Finalmente, Nehemías volvió a cambiar de oficio. Se convirtió en *gobernador*. El relato sobre su elección se halla en el capítulo 5, pero no leemos la delegación de autoridad hasta el capítulo 7, versículos 1, 2:

> Luego que el muro fue edificado, y colocadas las puertas, y fueron señalados porteros y cantores y levitas, mandé a mi hermano Hanani, y a Hananías, jefe de la fortaleza de Jerusalén (porque éste era varón de verdad y temeroso de Dios, más que muchos).

Nehemías fue un líder de pensamiento claro; el veía la importancia de colocar a los hombres espirituales en la dirección de la ciudad. Nehemías también hizo una larga lista de las familias de Jerusalén; comenzó con las que habían regresado primero. Estos llegaron a ser los miembros fundadores de la nueva comunidad amurallada.

Posteriormente leemos en el capítulo 8, versículo 9:

> Y Nehemías el gobernador, y el sacerdote Esdras, escriba, y los levitas que hacían entender al pueblo, dijeron a todo el pueblo: Día santo es a Jehová nuestro Dios; no os entristezcáis, ni lloréis; porque todo el pueblo lloraba oyendo las palabras de la ley.

Hagamos aquí una pausa y resumamos: Nehemías llegó a la ciudad y reconstruyó el muro. En el capítulo 8, leemos que el pueblo se juntó en un gran tribunal y pidió que se sacara el libro de la ley de Moisés. Desde un púlpito de madera, Esdras leyó en alta voz a todo el pueblo. El pueblo permaneció oyendo desde la mañana hasta el mediodía y alabó el nombre de su Dios.

Como usted ve, estas personas habían estado en cautividad. Eran hijos de personas que estaban en cautividad. Habían conocido la desolación espiritual. Y por primera vez veían que su ciudad mostraba indicios de comenzar de nuevo. ¡Qué momento tan emotivo tuvo que haber sido aquel en que Esdras les dijo: "Puestos de pie, oigamos la Palabra de Dios"! Cuando él abrió el rollo y lo leyó, la gente lloraba.

¡Nehemías había sido el maestro de albañilería y constructor general! Había dejado de ser copero y se había convertido en constructor. Cuando hubo terminado el muro, a pesar de los enemigos, se estableció a sí mismo como gobernador y escogió hombres piadosos para que recordaran al pueblo que debían purificarse del pecado y alabar a Dios.

LOS MUROS DE NUESTRAS VIDAS

Al volver al libro para estudiar en detalle las características de Nehemías, consideremos un pasaje de Isaías 49:15, 16:

> ¿Se olvidará la mujer de lo que dio a luz, para dejar de compadecerse del hijo de su vientre? Aunque olvide ella, yo nunca me olvidaré de ti. He aquí que en las palmas de las manos te tengo esculpida; delante de mí están siempre tus muros.

Lo que Dios decía a su pueblo era lo siguiente: "Las vidas de ustedes son como muros, que están continuamente delante de mí. He escrito las vidas de ustedes en mis manos". Nuestras vidas son delante de Dios lo que eran los muros para Jerusalén.

Francamente, pienso que los muros de nuestras vidas a menudo yacen en ruinas a causa de la negligencia. El Líder que nos conduce a reconstruir los muros es el Espíritu Santo, y El es el que continúa la obra de reconstrucción dentro de nosotros. El hace lo mejor que puede para llamarnos la atención sobre la condición de nuestros muros, pero algunas veces no oímos lo que nos dice. Sin embargo, no somos tardos para oir, simplemente no oímos.

Algunos de los seguidores de Cristo que leen estas páginas viven con los muros de sus vidas rodeados de ruinas, y todo comenzó muy lentamente. Primero se aflojó un ladrillo o una parte de la mezcla. Luego apareció una grieta en el muro. Luego la parte agrietada se hizo trizas, y se abrió un agujero. Por causa del descuido, la maleza de la carnalidad comenzó a crecer a través del muro. Poco a poco, el enemigo logró acceso a sus vidas.

Tal vez usted sea conocido como un buen cristiano. Pero en su corazón, usted sabe que, aunque es cristiano en el mismo sentido en que Jerusalén les pertenecía a los judíos, el muro que rodea su vida espiritual, que lo protege y defiende está por el suelo. Pecados tales como el egoísmo, la falta de disciplina, la postergación, la inmoralidad, el hecho de no tener tiempo para Dios, el compromiso con el mundo y la rebelión han llegado y sembrado sus horribles semillas. Y esta siembra ha comenzado a dar su fruto de muerte.

Haga usted un serio inventario de su verdadera situación. Nehemías se informó y se preocupó antes de emprender su proyecto. La primera fase fue la *evaluación*. Hoy en día siento entre ciertas personas de nuestra familia evangélica, una superficialidad frívola con respecto a Dios. Tenemos la tendencia a tomarlo a Él en forma liviana. Como si Él fuera nuestro gran compañero de intimidades. Luego nos escondemos detrás de la racionalización de que "nadie es perfecto". "Al fin y al cabo —nos decimos a nosotros mismos—, yo soy mejor que tal y tal, y ciertamente mejor de lo que era antes". Nos encogemos de hombros y hacemos un comentario pasajero: "Bueno, Él entenderá". Si esta es la actitud de usted, estimado lector, el enemigo está viviendo en su campamento. Sus muros están destruidos.

La preocupación de Nehemías lo condujo a la segunda fase: la *reconstrucción*. El oró a Dios suplicando dirección y corrección. ¿Está usted tan ocupado que no tiene tiempo para orar?

"¡Ah, nunca he estado tan ocupado! ¡En toda mi vida, jamás había estado tan ocupado!"

¿Pero usted no deja cierto tiempo para estar con Dios?

Usted me dirá: "Bueno, no tengo suficiente tiempo durante el día".

¡Levántese más temprano! O separe la hora del almuerzo para estar con el Señor. Usted no puede darse el lujo de no tener tiempo diariamente para estar con Dios. Se dijo de Hudson Taylor que el sol nunca salió durante cuarenta años en la China, sin que Dios lo hallara a él de rodillas orando a favor de esa gran tierra. La reconstrucción es, francamente, una tarea difícil.

La constancia es la necesidad de nuestra hora. Pero la erosión es nuestra constante batalla. Poco a poco, el proceso se pone en movimiento. Nadie se vuelve *repentinamente* vil. La decadencia moral, como lo vimos, ocurre cuando se afloja el primer tramo de mezcla y uno de los ladrillos cae a un lado. Usted lo deja ahí caído. Luego cae otro, y así sucesivamente.

Finalmente, Nehemías se enfrentó con honradez a la situación y determinó permanecer en ella hasta que la tarea hubiera terminado. La tercera fase fue la *perseverancia*. Tal vez usted esté dispuesto a llorar por su pecado. Puede estar en condición de confesar sus malos actos, aun a otra persona. Pero no ha llegado al punto en que, como leemos en Nehemías, "el pueblo tuvo ánimo para trabajar". Ellos determinaron quedarse sujetos al trabajo.

Aquel hombre de Dios, A.W. Tozer, expresó esto muy bien:

> Todo agricultor conoce el hambre del desierto. Esa hambre que ninguna maquinaria moderna, ningún método moderno de agricultura puede destruir. No importa lo bien preparado que esté el terreno, lo bien mantenidas que estén las cercas, lo cuidadosamente que se hayan pintado los edificios, si el propietario se descuida por algún tiempo, las valiosas y apreciadas hectáreas se convertirán otra vez en rastrojos y serán tragadas por la selva y por la tierra desolada. La propensión de la naturaleza es hacia el desierto, nunca hacia el campo fructífero.[3]

El corazón descuidado, la vida que tiene sus muros caídos, pronto será dominada por el mundo y el caos prevalecerá. Así que usted no se conforme con arrepentirse. *¡Reconstruya!* ¡Persevere! ¡Jamás se rinda!

Me preocupa profundamente que usted no continúe leyendo este libro, que se encasille en los hechos teóricos del liderato, mientras continúa viviendo sin muros. Si su corazón se ha vuelto frío hacia Cristo y su iglesia, haga frente al problema ahora mismo. Luego, mientras usted lee, espere que el Espíritu Santo utilice la fe y la persistencia de Nehemías para producir en su corazón una sed y una disposición de ser la clase de dirigente que recibe la bendición de Dios.

dos

Un líder que vive de rodillas

Como la mayoría de las personas que se hallan en posición de líderes, Nehemías se enfrentó continuamente ante circunstancias imposibles. Usted recordará que él se encontraba a 1300 kilómetros de la preocupación de su corazón: su pueblo que vivía en medio de los escombros de Jerusalén. Una cosa es vivir a 20 ó 30 kilómetros del sitio de trabajo, ¡pero un viaje redondo para Nehemías significaba 2600 kilómetros! ¿Y quién había viajado alguna vez a 90 kilómetros por hora?

Para complicar aun más las cosas, Nehemías era responsable ante una persona que no creía en Dios: el rey Artajerjes. Antes que Nehemías abandonara su puesto de responsabilidad y fuera a Jerusalén a construir el muro, algo tenía que acontecer en el corazón de Artajerjes. Tenía que transformarse su mente. Cuando Nehemías recibió las órdenes de Dios, no se apresuró hacia la oficina oval del rey para darle un ultimátum: "¡Me da tres años de licencia, o de lo contrario, renuncio!" En vez de ello, se presentó delante de Dios en oración y confió que El abriera las puertas y cambiara el corazón de su jefe.

La historia comienza así:

Palabras de Nehemías hijo de Hacalías. Aconteció en el mes de Quisleu, en el año veinte, estando yo en Susa, capital del reino, que vino Hanani, uno de mis hermanos, con algunos varones de Judá, y les pregunté por los judíos que habían escapado, que habían quedado de la cautividad, y por Jerusalén. Y me dijeron: El remanente, los que quedaron de la cautividad, allí en la provincia, están en gran mal y afrenta, y el muro de Jerusalén derribado, y sus puertas quemadas a fuego. Cuando oí estas palabras me senté y lloré, e hice duelo por algunos días, y ayuné y oré delante del Dios de los cielos (Nehemías 1:1-4).

Muy probablemente, Nehemías mismo escribió el libro que lleva su nombre. El se describió a sí mismo simplemente como hijo de Hacalías, nombre que no aparece en ninguna otra parte de la Biblia. Nehemías dijo cuál era su ocupación en el versículo 11 del primer capítulo: "yo servía de copero al rey". Esto es lo único que sabemos acerca de sus credenciales terrenales. El era el copero del rey, y era hijo de Hacalías.

UN COPERO QUE TENIA EL CORAZON PARA DIOS

Como lo notamos en el capítulo anterior, el hecho de ser copero significaba que él era el que probaba el vino y el alimento. El servía como mampara entre el público y el rey. Era una posición de intimidad y confianza.

La historia comienza en el invierno; era el mes de Quisleu, o sea, diciembre, en el vigésimo año del rey. Al echar una mirada retrospectiva, sabemos que ese fue el año 445-444 a. de J.C. Y el sitio se nos menciona en el versículo 1: Nehemías vivió en Susa, la capital del imperio Medo-Persa, que era la capital del mundo en su tiempo. Aun más significativo era el hecho de que los judíos reconocían a Susa como tal capital. Era un centro de actividad, la ciudad donde se hacía la decisión final; a menudo las últimas noticias del imperio le llegaban al rey Artajerjes por labios de su copero. Nehemías era la mano derecha del rey.

En el versículo 2, se nos dice que Hanani, uno de los hermanos de Nehemías (entiendo que se refiere a uno de sus hermanos carnales), y algunos varones llegaron de Judá.

...y les pregunté por los judíos que habían escapado, que habían quedado de la cautividad, y por Jerusalén.

Fíjese en las dos preguntas: (1) Por los judíos que habían escapado, que habían quedado de la cautividad; (2) por Jerusalén. Se ha dicho que el verdadero judío nunca olvida completamente a Jerusalén. Esto se verificó en el caso de Nehemías. El quería saber acerca de su pueblo; quería saber en qué condición estaba su ciudad amada. Los que regresaron de Judá se lo dijeron:

... El remanente, los que quedaron de la cautividad, allí en la provincia, están en gran mal y afrenta ...

El término hebreo que se tradujo como "gran mal" significa "miseria" y "calamidad". El pueblo que estaba en esa ciudad se encontraba en una posición vulnerable. En efecto, los hombres agregaron que aquellos se encontraban en "afrenta". La palabra hebrea traducida como "afrenta" significa "agudo", "penetrante", "cortante" o "que traspasa". La idea tiene la fuerza de las palabras cortantes. Los judíos estaban siendo criticados y calumniados por personas que eran enemigas de la fe.

Nehemías se sintió acongojado. En los versículos 4-11 hallamos su reacción, y aquí es donde comenzamos a ver que se le desarrolla el don de dirección. Me impresiona profundamente el hecho de que, aunque él estaba en una alta posición en el mundo, tenía un corazón muy tierno hacia Dios. Como usted sabe, es difícil hallar que en una persona se combinen el hecho de tener una alta posición ante los ojos del mundo y, sin embargo, que sea tierna hacia Dios.

Tal vez usted se halle en una posición de gran importancia. Esa es una posición vulnerable. Cada futuro ascenso pone más en peligro su vida espiritual; su puesto amenaza su caminar con Dios. No tiene *por qué* incapacitarlo, pero puede ser perjudicial, y a menudo lo es. A través de toda la Biblia se nos habla de personas que fueron ascendidas de un nivel al siguiente y fueron víctimas de la "erosión del ascenso": poco a poco fueron cayendo en el orgullo. En el capítulo 8 trataré ampliamente este problema.

CARACTERISTICAS DE UN LIDER COMPETENTE

Nehemías, conmovido por la necesidad de su pueblo,

> . . . me senté y lloré, e hice duelo por algunos días, y ayuné y oré delante del Dios de los cielos (versículo 4).

En los versículos 4-11 se nos revelan cuatro factores muy significativos que se verifican en las vidas de los líderes espirituales competentes. Quiero que usted los recuerde. Así que los enumeraré tal como ocurrieron en la experiencia de Nehemías. Tomémoslos en orden.

1. *El líder tiene un claro reconocimiento de las necesidades.* El comienzo del versículo 4 dice: "Cuando oí estas palabras". Nehemías no estaba preocupado; no vivía en un mundo de sueños, opuesto a la realidad. El preguntó: "¿Cuál es la condición?" Ellos respondieron: "Es una situación miserable". El escuchó lo que le dijeron.

Usted podría pensar que reconocer las necesidades es un concepto elemental, especialmente cuando se trata de líderes. Pero he conocido a muchas personas que están en posiciones de liderato responsable y que parece que nunca comprenden los problemas que tienen que resolver.

Recuerdo que una vez tomé un curso en un seminario bajo la dirección de un brillante profesor bíblico. En efecto, él era conocido en todo el mundo por su conocimiento bíblico. ¡Pero era tan culto, y sabía las respuestas durante tanto tiempo que había olvidado que pudiera haber algunas preguntas! Nosotros levantábamos la mano y presentábamos un problema. El parpadeaba y decía: "¿Problema? ¿Qué problema?"

Hay una simple razón que explica esta mentalidad de que "no hay problema": la preocupación. ¿Ha estado usted alguna vez cerca de un profesor o de un jefe preocupado? Algunas mujeres viven con maridos preocupados, y saben que lograr la atención de él no es una tarea fácil. Lo buscan detrás del periódico donde se promueven más negocios, y le dicen:

—Mi amor, quiero hablar contigo acerca de algo que ha ocurrido.

—Ajá.

—Hay una gotera . . . en el otro cuarto . . . está corriendo por el piso.

—Ajá.

Es asombroso que los individuos que tienen un alto nivel de responsabilidad, a menudo ya no se relacionan con otros en el nivel de los problemas.

Tengo un amigo que tiene mucho éxito en el negocio de la construcción. En efecto, es un prominente constructor de la ciudad. Pero él *odia* la realidad. Como resultado, su familia ha sufrido. Ha sido engañado y robado y ha usado mal el tiempo una vez tras otra puesto que no le gusta hacer frente a las cosas, y rehuye de las arduas preguntas secundarias. El es creador, visionario, cordial, amante, personalmente muy tierno por las cosas de Dios. Pero él simplemente *no ve los problemas*. Evita la confrontación con ellos al decir: "No me cuente los problemas; hablemos acerca de las cosas buenas".

Ahora bien, pienso que una persona puede estar tan orientada hacia los problemas que sólo puede pensar en ellos; y eso tampoco es bueno. Pero la persona que es líder real reconoce claramente las necesidades.

¿Está usted enterado de las necesidades? ¿Qué diría de las necesidades de su propia familia? ¿Es usted sensible como padre y como cónyuge? Quizá usted viva solo. ¿Sabe usted qué es lo que hay en el corazón de sus padres, hacia dónde se inclina la balanza? Si usted enseña, ¿está enterado de las necesidades de los alumnos, los muchachos que llenan su salón de clase? Si usted dirige negocios, ¿está en contacto con algo más que el simple nivel de la actividad placentera que se llama el "estrato ejecutivo"? ¿Y qué diría de las demás áreas donde los problemas dan comienzo y se enconan?

2. Nehemías dio un paso más allá del reconocimiento del problema; *él se preocupó personalmente por la necesidad*. No sólo oyó estas cosas, sino que también se sentó y se identificó con ellas.

Alan Redpath escribió una vez:

Aprendamos esta lección de Nehemías: usted nunca alivia la carga, a menos que antes haya sentido la presión en su propia alma. Usted no será nunca usado por Dios para llevar bendición, hasta que Dios le haya abierto los ojos y le haya hecho ver las cosas como son.[4]

No hay mejor preparación que esa para el servicio cristiano.

Nehemías fue llamado a construir el muro, pero *él primero lloró sobre las ruinas.* "Los muros están caídos, ¡oh Dios! ¿Cómo pueden estos muros estar abajo, y este pueblo continuar seguro?" Sin embargo, la reacción normal se expresa del siguiente modo: "¡Ay, los muros están destruidos! ¿Quién los profanó? ¿Quién los destruyó?" O "Tanta gente que ha estado regresando todos estos años, ¿y nadie ha construido esos muros? Envíenme los nombres de todos ellos; yo les daré su merecido". Estas reacciones son erradas. Un líder tiene que tener compasión.

Antes de continuar adelante, quiero que aprendamos una lección muy práctica sobre un padre que se negó a reconocer una específica necesidad de la familia. La historia se halla en 1 Samuel 3. Recuerdo que a través de toda mi infancia, se me habló en la Escuela Dominical acerca del joven Samuel. El estaba dormido en su cama cuando alguien dijo:

—¡Samuel, Samuel!

El corrió a donde estaba Elí y le dijo:

—Heme aquí; ¿para qué me llamaste?

—Yo no te he llamado; vuelve y acuéstate —le dijo Eli. De nuevo la voz despertó a Samuel y volvió a ocurrir lo mismo. Finalmente, Elí le dijo:

—Vé y acuéstate; y si te llamare, dirás: Habla, Jehová, porque tu siervo oye.

En la Escuela Dominical, la historia siempre terminaba allí.

Yo me preguntaba: "¿Por qué lo despertó Dios tan frecuentemente? ¿Qué intentaba decirle el Señor?" Posteriormente hallé la respuesta en los versículos 11 y 12:

Y Jehová dijo a Samuel: He aquí haré yo una cosa en Israel, que a quien la oyere, le retiñirán ambos oídos. Aquel día yo cumpliré contra Elí todas las cosas que he dicho sobre su casa, desde el principio hasta el fin.

Que no se me diga que Dios no está preocupado por el hogar

del líder. Ahí estaba Elí, un líder espiritual de Israel, y Dios estaba preocupado por su hogar. Leamos el versículo 13:

> Y le mostraré que yo juzgaré su casa para siempre, por la iniquidad que él sabe; porque sus hijos han blasfemado a Dios, y él no los ha estorbado.

Subraye usted en su Biblia las palabras "él sabe" y "él no los ha estorbado". ¿Hay oportunidades cuando usted sabe que algo marcha mal en su hogar, pero se niega a intervenir para corregirlo? Descuidadamente echamos sombras sobre la razón y decimos: "Bueno, de algún modo tiene que arreglarse eso".

Atiéndame, por favor, estimado lector: Dios ha escogido al padre para una de las más difíciles posiciones de dirección en el mundo: la de dirigir su hogar. El motiva, establece el paso, ofrece dirección y estímulo y maneja la disciplina. Elí sabía todo esto, pero no reprendía a sus hijos cuando desobedecían a Dios. Tal vez él se imaginaba que los dirigentes del templo enderezarían a sus hijos. Es trágico el hecho de que muchas personas le dejan a la iglesia la tarea de instruir a sus hijos y, por tanto, la iglesia vive bajo la constante acusación: "Los peores muchachos del mundo son los de la iglesia". Se le echa la culpa a la iglesia. Pero este no es un problema de la iglesia, sino del *hogar*. Raras veces puede la iglesia resucitar lo que el hogar ha sentenciado a muerte.

Al volver a Nehemías como modelo de líder, comprendemos que no sólo estamos hablando de Nehemías y de cierta ciudad de la historia antigua. Estamos hablando acerca del día de *hoy*. Mientras más alto lleguemos en la categoría de lo que el mundo llama éxito, tanto más fácil es caer en la preocupación teorética y dejar por su cuenta las "pequeñas cosas reales".

Notemos, en el versículo 4, que Nehemías estaba ayunando y orando. ¿Qué significa ayunar? Significa dejar de disfrutar de una comida con el fin de cumplir un propósito mayor: el de centrar la puntería en la andanza con Dios. Algunos ayunan un día por semana. Otros, un día por mes. Otros no ayunan nunca. Es interesante el hecho de que el ayuno se menciona frecuentemente en la Escritura. Cuando el motivo es adecuado, es sorprendente lo que podemos lograr con el Señor cuando ahorramos el tiempo que empleamos para arreglarnos, comer y lavarnos después de la comida, para invertirlo en oración de rodillas. Mientras más responsabilidades tengamos, más tiempo necesitamos para estar en contemplación delante de nuestro Padre.

3. En el versículo 5, oímos que Nehemías dice: "Te ruego, oh Jehová, Dios de los cielos, fuerte, grande y temible, . . ." El oró. *Una de las características de un líder serio es que primero acude a Dios con el problema.*

¿Cuál es la reacción de usted cuando se le presenta una necesidad? Puedo decirle cuál es, por cuanto esa es por lo general mi primera reacción, a causa de mi naturaleza humana caída. "¿Cómo puedo resolver esto?" O ¿quién hizo que esto fuera mal?

El problema de su pueblo, cualquiera que sea, no quedará completamente resuelto, mientras usted no lo presente a Dios en oración. Esto lo mencioné en el primer capítulo, y está ilustrado en la vida de Nehemías. Algún día usted mirará retrospectivamente hacia las cosas que hizo racionalmente de acuerdo con la carne, y sentirá odio hacia el día en que las hizo. La oración, repito, es absolutamente esencial en la vida del líder.

Veamos cómo se portó Nehemías delante del Señor. Primero *alabó a Dios.* Versículo 5:

> . . . Te ruego, oh Jehová, Dios de los cielos, fuerte, grande y temible, que guarda el pacto y la misericordia a los que le aman y guardan sus mandamientos.

El sabía que no estaba acudiendo simplemente ante otro hombre, sino ante el Dios del cielo.

¿Para quién trabajaba Nehemías? Para el rey. ¿Fue este rey grande y poderoso en la tierra? ¡El más poderoso de todos! Pero al compararlo con Dios, el rey Artajerjes no era nada. Así que es razonable que cuando acudimos a Dios en oración, colocamos las cosas en su perspectiva apropiada. Si usted tiene dificultad para amar a cierto individuo o para relacionarse con él, preséntelo a Dios. Importune al Señor con esa persona. No se moleste usted por ese individuo; déjelo en el trono.

Luego, en los versículos 6 y 7, *confiesa la parte que él tiene en el problema.*

. . . esté ahora atento tu oído y abiertos tus ojos para oir la oración de tu siervo, que hago ahora delante de ti día y noche, por los hijos de Israel tus siervos; y confieso los pecados de los hijos de Israel que hemos cometido contra ti; sí, yo y la casa de mi padre hemos pecado. En extremo nos hemos corrompido contra ti, y no hemos guardado los mandamientos, estatutos y preceptos que diste a Moisés tu siervo.

Notemos las palabras "hemos pecado" y "yo". La confesión no era a favor de la falta de otra persona. La confesión guardaba relación con la parte que Nehemías tenía en el problema. ¿Qué hacemos nosotros cuando estamos en conflicto con otra persona? Por lo general le echamos la culpa a la otra persona. Así se manifiesta otra vez nuestra naturaleza caída. Por lo general pensamos en unas seis o siete maneras en que la otra persona ha manifestado su terquedad e indisposición para el cambio, pero raras veces consideramos que somos parte del problema. Pero ambas personas tienen parte. Así que lo primero que Nehemías dijo con respecto al problema fue lo siguiente: "Señor, yo soy culpable. No sólo quiero ser parte de la solución; confieso que soy parte del problema".

Tal vez haya dificultades conyugales en su hogar, o relaciones tirantes entre maestro y alumno en la escuela. Pudiera haber lucha entre padre e hijo. E invariablemente, usted pensará que su cónyuge, o su hijo, o la madre, o el maestro, o el alumno es el individuo que está causando el problema. Eso no es necesariamente cierto.

Le ruego a usted que al presentarse delante de Dios en oración con respecto a cualesquiera conflictos de personalidad no resueltos, adopte una actitud como la que se refleja en las siguientes palabras: "Señor, te presento ante de ti estos asuntos en los cuales *he causado* molestia. Es *mi responsabilidad.* Yo no puedo cambiar a este individuo. Pero, oh Dios, puedo decirte que también tengo culpa en ello; perdóname".

Nehemías no se quedó en la confesión. Luego, él reclamó que *Dios cumpliera su promesa.* Cuando se presentó ante Dios en oración, alabó al Padre, confesó su parte en el pecado y reclamó que Dios cumpliera la promesa que había hecho.

En el versículo 8 leemos: "Acuérdate ahora de la palabra que diste a Moisés tu siervo". ¿Qué era lo que Nehemías estaba haciendo? Estaba citando un versículo de la Palabra de Dios. No sólo citaba de Levítico 26, sino también de Deuteronomio 30. El conocía el Libro. "Señor, yo abro el Libro delante de ti. Te presento las mismas palabras que hablaste, la misma promesa que hiciste, y te reclamo que la cumplas, Señor, ahora mismo".

¿Cuál era la promesa? Era doble. La promesa era que si Israel desobedecía, serían llevado a tierra extraña. Eso había ocurrido. La segunda parte era que, cuando el tiempo de la cautividad hubiera terminado, Dios devolvería los judíos a Jerusalén y los protegería. Esa parte no se había cumplido. De modo que lo que Nehemías estaba diciendo era lo siguiente: "Señor, la primera parte es verdad. Nosotros hemos desobedecido y hemos estado en cautividad. Pero, Señor, tú nos prometiste devolvernos a la ciudad y protegernos, y eso no ha ocurrido aún. Te reclamo que eso se cumpla".

El apóstol Pablo escribió:

> Tampoco dudó [Abraham], por incredulidad, de la promesa de Dios, sino que se fortaleció en fe, dando gloria a Dios, plenamente convencido de que era también poderoso para hacer todo lo que había prometido (Romanos 4:20, 21).

Dios no promete a la ligera. El dice: "Prometo que si tú me entregas tu carga, yo la llevaré. Si buscas primero mi reino, yo te daré todas estas cosas por añadidura. Si tú enderezas tu corazón delante de mí, te dirigiré por senderos de estabilidad y prosperidad".

Eso no significa necesariamente que El llenará la cartera de usted. Significa que le dará paz, como el mundo no la puede dar. "Te ascenderé a un puesto de acuerdo a mi juicio, y te sentirás satisfecho".

Nehemías dijo: "Señor, tú prometiste que tu pueblo sería protegido en esa ciudad, y ahora mismo te pido que lo cumplas".

Finalmente, Nehemías *presentó su petición o deseo delante de Dios.* Su petición fue osada.

> Te ruego, oh Jehová, esté ahora atento tu oído a la oración de tu siervo, y a la oración de tus siervos, quienes desean reverenciar tu nombre; concede ahora buen éxito a tu siervo, y dale gracia delante de aquel varón . . . (versículo 11).

¿Ha orado usted alguna vez así? "Señor, dame éxito. Haz que yo halle en tu voluntad aquel lugar en que resposa la prosperidad celestial, en cualquier nivel que sea. Que yo alcance lo máximo para que sea, ante tus ojos, próspero. ¡Y Señor, concédeme favor de parte de aquellos que tienen autoridad sobre mí!" Esa es una petición osada.

4. *Nehemías mismo pudo hacer frente a la necesidad.* "Concede ahora buen éxito a tu siervo, y dale gracia delante de aquel varón". El *reconoció* claramente la necesidad. *Se metió* en ella. *La llevó ante Dios.* Ahora estaba *dispuesto* para hacer frente a la necesidad, si eso era lo que Dios deseaba.

Un líder genuino se caracteriza por su diligente fidelidad en medio de la tarea. Y esa fidelidad es más que una inclinación pasiva. Se manifiesta por el hecho de que la persona está disponible y porque se incluye personalmente en la solución de las necesidades. No hay mucho beneficio en el liderato cuando se encomienda la responsabilidad a otro.

Durante los días que estuve en la Infantería de Marina, a menudo se nos decía que un capitán permanece con su compañía y el jefe de un pelotón permanece con su pelotón. Cuando más crece la intensidad de la batalla es cuando más significado tiene su presencia. A los comandantes se los instruía a estar disponibles, a meterse en la batalla. El alejamiento continuado de los jefes militares debilita la moral de los que están bajo su mando.

Los dirigentes de la obra de Dios harían bien en recordar este principio. La oración es de primaria importancia. Pero no la oración teórica. La oración que logra que se hagan las cosas es la que incluye la siguiente convicción: "Estoy disponible Señor, listo y dispuesto".

BENEFICIOS DE LA ORACION

Nehemías 1 es una mezcla de oración y acción. Todos los que dirigen tienen que conceder una alta prioridad a la oración. ¿Por qué es tan importante la oración? He aquí las cuatro razones más breves que conozco:

La oración *me hace esperar.* No puedo orar y trabajar al

mismo tiempo. Tengo que esperar hasta que termine la oración para actuar. La oración me obliga a abandonar la situación en las manos de Dios; me hace esperar.

En segundo lugar, la oración *aclara mi visión*. En el sur de California se manifiesta a menudo un fenómeno relacionado con las malas condiciones atmosféricas, por causa de su ubicación costera, hasta que el sol se encarga de deshacer la niebla de la mañana. Eso es lo que hace la oración. Cuando uno se enfrenta a una situación, ¿no está todo nublado? La oración se encarga de deshacer esa neblina. Tu visión se aclarará para que puedas ver a través de los ojos de Dios.

En tercer lugar, la oración *tranquiliza mi corazón*. No puedo preocuparme y orar al mismo tiempo. Hago la una cosa o la otra. La oración me tranquiliza. Reemplaza a la ansiedad por un espíritu calmado. ¡No se pueden dar golpes con las rodillas cuando estamos arrodillados!

En cuarto lugar, la oración *activa mi fe*. Luego de orar estoy más inclinado a confiar en Dios. ¡Y cómo soy de roñoso, negativo y crítico, cuando no oro! La oración enciende la fe.

No llenemos simplemente los márgenes de la Biblia con palabras y pensamiento relacionados con las maneras en que un líder ora. ¡Hagámoslo! No nos detengamos simplemente en una estéril teología de la oración. ¡Oremos! La oración fue el paso principal que dio Nehemías en su marcha hacia la dirección efectiva.

> ¿Hallaste ríos que crees insalvables?
> ¿Montañas en las cuales no puedes abrir túneles?
> Dios se especializa en las cosas que crees imposibles.
> El hace lo que otros no pueden hacer.[5]

El Señor es el Especialista que necesitamos en estas experiencias insalvables e imposibles. El se deleita en realizar lo que nosotros no podemos. Pero El espera que clamemos. Espera que le hagamos la petición. Nehemías solicitó rápidamente la ayuda. Su posición favorita cuando se hallaba en problemas era la posición de rodillas.

¿Y cuál es la suya, estimado lector?

tres

Preparación para una tarea difícil

Son pocos los aspectos de la vida en los cuales vivimos o trabajamos sin que estemos bajo la dirección de un superior, jefe o persona de autoridad. Los estudiantes, los maestros, las enfermeras, los ejecutivos, los vendedores, los pilotos de líneas aéreas, los entrenadores, los jefes de cocina, los científicos, todos tienen superiores inmediatos cuya presencia controla significativamente y afecta sus vidas. Nos corresponde crear cualidades de liderato que germinen dentro de nosotros mismos, y aún así ser responsables ante estos superiores en nuestras esferas individuales de influencia. ¡Eso no es fácil! Los líderes lo hacen mejor cuando dirigen que cuando son dirigidos, por regla general.

Continúa en pie la pregunta: *Cuando llega el tiempo de confrontaciones*—entre el jefe y el empleado, entre el padre y el hijo, entre el entrenador y el jugador, entre el maestro y el alumno—, *¿cómo tratamos el problema?* Esta pregunta se hace crecientemente compleja cuando el superior es insensible o despreocupado en lo que se refiere a las cosas espirituales.

Hudson Taylor dijo una vez: "Es posible mover a los hombres por medio de Dios mediante la oración solamente". Como líder, usted llegará a posiciones que los que tienen autoridad sobre usted no podrán ejercer su poder para cambiarlas. El mensaje de Dios para usted en ese caso es la oración.

El proverbio que se halla en Proverbios 21:1 es de interés por un par de razones. Primeramente, porque es un proverbio comparativo, es decir, que compara algo con otra cosa. La mayoría de los proverbios comparativos terminan simplemente con la comparación. Pero este proverbio llega a una conclusión que pudiéramos llamar la parte declarativa del proverbio. Concluye con un principio intemporal. Consideremos primero la comparación.

UN PROVERBIO CON IDEA

Como los repartimientos de las aguas,
Así está el corazón del rey en la mano de Jehová.

En hebreo, la declaración no comienza con las palabras "El corazón del rey" (como comienza en inglés), sino como comienza en castellano: "los repartimientos de aguas", que se refieren a pequeños canales de irrigación que corren desde un depósito principal, hacia las tierras planas, secas y sedientas que necesitan empaparse de agua. En el original se lee: "Como canales de irrigación que llevan agua, así está el corazón del rey en la mano de Jehová". ¿Pero qué nos dice este proverbio con respecto a nuestros superiores? Lo que el escritor nos dice es que el corazón que expresa, que comunica decisiones y actitudes está en la mano del Señor. Es decir, Dios es soberano.

Ahora veamos la última parte del proverbio, la declaración:

A todo lo que quiere [Jehová] lo inclina.

El Señor tiene en su mano el corazón del rey. (No tiene importancia el hecho de que el rey crea en Dios o no.) Por el hecho de que el Señor tiene el corazón del rey en su mano, literalmente "hace que se incline" hacia donde a El le plazca. Así que, colocando en conjunto todo, el versículo pudiera decir: "Como canales de irrigación que llevan agua, así está el corazón del rey en la mano de Jehová. El hace que se doble y se incline hacia cualquier dirección que le plazca".

¡Lo que es cierto con respecto al rey también lo es con respecto a nuestros superiores! Para que usted entienda a su jefe, tiene que familiarizarse con el método mediante el cual Dios opera; porque el Señor tiene el corazón de su superior en la mano de El. Deténgase usted un momento y remache este pensamiento en su mente.

EL JEFE QUE NO CAMBIA

Veremos cómo la historia de Nehemías ilustra bellamente la verdad revelada en Proverbios 21:1. Ocurrió que Nehemías trabajaba bajo la dirección de un hombre que era el rey de Persia. Hay un dicho que dice: "No trates de cambiarlo. Es como la ley de los medos y los persas". Se refiere a que es imposible que algo cambie. Artajerjes, el rey de los medos y los persas, tenía la reputación de que era imposible que cambiara. Nehemías estaba en una posición influyente, por cuanto desempeñaba un papel íntimo en la vida del rey. Pero el corazón de Nehemías no estaba en Persia; estaba en Jerusalén. Quería regresar a su amada ciudad y reconstruir aquellos muros; sin embargo no podía abandonar su trabajo. Si Nehemías esperaba que Artajerjes accediera a su petición personal, Dios tendría que actuar en el corazón del rey.

Nehemías acudió al Señor en oración porque sabía que era la única manera de cambiar el corazón del rey. Oró resueltamente: "Te ruego, oh Jehová, esté ahora atento tu oído a la oración de tu siervo, y a la oración de tus siervos, quienes desean reverenciar tu nombre; concede ahora buen éxito a tu siervo, y dale gracia delante de aquel varón" (Nehemías 1:11). Lo que Nehemías, copero del rey, dijo en efecto, fue lo siguiente: "Señor, te pido que cambies el corazón del rey; altera sus actitudes. Cambia la situación de tal modo que yo reciba permiso para hacer tu voluntad con la complacencia de mi superior". El no salió corriendo para Jerusalén, sino que colocó el problema ante Dios.

LA ESPERA ES ESENCIAL

¿Qué ocurrió después que Nehemías oró al Señor? ¡Nada! Por lo menos no ocurrió nada inmediatamente. La historia de

Nehemías comenzó en el mes de Quisleo (véase Nehemías 1:1), y se reanudó "en el mes de Nisán" (2:1). Quisleo corresponde a nuestro mes de diciembre, y Nisán a abril. De modo que no ocurrió nada durante cuatro meses.

¿Ha tenido usted alguna vez esa experiencia tan desalentadora? Tal vez usted oyó al predicador que dijo un domingo: "Simplemente ore a Dios; entréguele a El sus cuitas". Así que usted se fue a la casa y oró por el problema frustrante. Claro, terminó la oración con la petición favorita: "Señor, dame paciencia, ¡y yo quiero esto ahora mismo!" Luego vino la mañana del lunes, y nada había cambiado; y lo que es peor, un *mes* más tarde, todavía nada había cambiado. Entonces usted le preguntó a Dios: "Señor, ¿estás despierto? ¿Me oíste?" Pasa otro mes, y otro. Esa fue la experiencia de Nehemías.

El que lucha orando aprende rápidamente lo que es la paciencia de esperar. Así que Nehemías estaba haciendo precisamente eso: esperar. En el diario que él escribió, no incluyó nada en esos cuatro meses, puesto que no ocurrió nada. Esperó. No había ninguna vislumbre de esperanza, no había cambio. Se mantuvo esperando, confiando en Dios y contando con que El movería el corazón de su superior.

Ahora veamos el versículo 1 del capítulo 2:

> Sucedió en el mes de Nisán, en el año veinte del rey Artajerjes, que estando ya el vino delante de él, tomé el vino y lo serví al rey.

La versión Living Bible (Biblia Viviente) destaca el período de espera: "Un día de abril, cuatro meses después . . ."

Aquí se hallaba Nehemías en una situación familiar. El rey y su reina estaban juntos reclinados, pues habían terminado su espléndida comida. El deleitoso aroma del alimento impregnaba el salón. Nehemías vertió algo del vino favorito de ellos y se lo sirvió. ". . . tomé el vino y lo serví al rey", dijo Nehemías, y agregó una aclaración: "Y como yo no había estado antes triste en su presencia . . ."

¿Sabe usted cómo se presenta la persona que quiere decirle que ha pasado largas horas en oración? Mírela directamente. Si el individuo quiere que usted sepa lo espiritual que es él, utilizará una "apariencia super-piadosa", que por lo general se hace evidente mediante una *cara alargada*.

Pero Nehemías no tenía esa mirada sombría. Durante cuatro meses no mostró esa cara. Increíble, ¿verdad? Si nosotros pasáramos tres o cuatro horas de rodillas, nos levantaríamos con una cara que diría a todo el mundo que hemos estado orando intensamente por algo. Nehemías había abandonado su preocupación en manos del Señor: "Señor, tómalo en tus manos. A ti te corresponde decir cuándo es el tiempo. Yo lo dejo todo en tus manos". En consecuencia, pudo informar honestamente: ". . . yo no había estado antes triste en su presencia".

Cuatro meses, sin embargo, pudieran parecer un largo tiempo para esperar alguna señal como respuesta del Señor. Cada uno tiene su límite. Nehemías había llegado al punto en que había comenzado a preguntarse: "¿Va a ocurrir esto alguna vez?" Quizás ese fue el día melancólico de Nehemías, puesto que estaba más bien triste cuando sirvió la copa real. Y el rey le dijo:

> ¿Por qué está triste tu rostro? pues no estás enfermo. No es esto sino quebranto de corazón. Entonces [yo Nehemías] temí en gran manera" (versículo 2).

Aprecio la honradez de Nehemías. Hay muchos dirigentes que ya no admiten sus debilidades humanas. No así Nehemías. Con toda sinceridad expresa: "Cuando el rey me dijo eso, me llené de miedo". No importa lo grande que llegue a ser usted, es importante dejar ver las resquebrajaduras de su vida. ¡En vez de ocultarlas, debe admitirlas!

Nehemías tenía buenas razones para sentir temor. A los súbditos que estuvieran notablemente tristes o melancólicos en presencia del rey generalmente se les daba muerte por "aguar la fiesta".

Tenga usted presente los sentimientos de Nehemías mientras lee los versículos 3 y 4:

> Y dije al rey: Para siempre viva el rey. ¿Cómo no estará triste mi rostro, cuando la ciudad, casa de los sepulcros de mis padres, está desierta, y sus puertas consumidas por el fuego?
>
> Me dijo el rey: ¿Qué cosa pides? [Ese era el momento tan esperado por Nehemías. Dios abrió la puerta.] Entonces oré al Dios de los cielos.

Ese era el momento que Nehemías había estado esperando. Dios abrió la puerta. Así que Nehemías al instante oró al Señor para pedirle sabiduría al escoger las palabras con que expresaría su deseo al rey.

¿Se ha encontrado usted en la circunstancia en la que es contestada una oración? Usted ora y espera, ora y espera, y finalmente, la puerta se abre de par en par. Por breves momentos usted se queda ahí casi incapaz de creer la realidad de la respuesta. Su mente se apresura mientras usted espontáneamente busca la dirección de Dios: "Oh Dios, este es un punto decisivo. Ayúdame a seguir de un modo muy cuidadoso".

Nehemías se halla precisamente en este punto de la historia. La puerta se ha abierto de par en par.

"¿Qué cosa pides?" le preguntó Artajerjes a Nehemías. El corazón del rey estaba en las manos de Jehová. Dios había ajustado el pensamiento del rey Artajerjes para que fuera receptivo a los deseos de su empleado. "¿Qué es lo que tú quieres, Nehemías? ¿Qué es de tanto valor lo que te hace ponerte triste?"

Nehemías respondió (versículo 5):

> Si le place al rey, y tu siervo ha hallado gracia delante de ti, envíame a Judá, a la ciudad de los sepulcros de mis padres, y la reedificaré.

Esa fue la petición de Nehemías. El había buscado la ayuda del Señor para que "cambiara el corazón del rey". Pacientemente había esperado la respuesta durante cuatro largos meses. Y ahora le era concedida su petición. Hizo conocer su deseo.

Nehemías abrió su corazón delante de su jefe y esperó la respuesta. No demoró en obtenerla. Nehemías escribió:

> Entonces el rey me dijo [y la reina estaba sentada junto a él]: . . .

Ahora bien, nos preguntamos: ¿por qué extraño motivo Nehemías se preocupa en señalar la presencia de la reina? El hecho hace que uno se haga la pregunta. ¿Verdad? En hebreo, la palabra que aquí se tradujo como *reina* significa "una amiga cercana e íntima", "un contacto", "una consorte". Tal vez la reina se inclinó hacia su esposo y le susurró algo. Tal vez él primero habló con ella, y ella le dio al rey el suave codazo que el rey necesitaba. Cualquiera que haya sido el caso, lo cierto es que el rey respondió: "¿Cuánto durará el viaje, y cuándo volverás?" La última parte del versículo 6 dice:

. . . yo le señalé tiempo.

Esto me dice a mí que el rey no quería que Nehemías estuviera ausente. Lo estaba haciendo muy bien como copero. A pesar de su preocupación por Jerusalén, la actitud de Nehemías en el trabajo era positiva. Era un trabajador diligente. ¡Esa, amigo mío, era una persona poco común! Cuando uno tiene el corazón en alguna otra parte es realmente difícil realizar la tarea que se tiene a mano. Pero durante cuatro meses, Nehemías había cumplido fielmente su tarea. De modo que el rey no pensó: "Hombre, estaba buscando una oportunidad para deshacerme de él. Ahora me llegó. Que se vaya a Jerusalén". Por el contrario él le preguntó: "¿Cuándo volverás?"

Examinemos la maravillosa respuesta de Nehemías: "yo le señalé tiempo". ¡Eso fue algo grande! A mí me repugnan los individuos que llaman "fe" al hecho de no poder decir cuáles son sus planes. Tal vez usted ha oído decir alguna vez algo así: "No, no vamos a pensar en este asunto en su totalidad. Simplemente sigamos por 'fe'. Dios nos dirigirá". El calculador hombre de negocios dice: "Ajá, claro. Usted regresará en busca de más dinero, antes que haya llegado a la mitad del camino". La presencia de la fe no significa ausencia de organización.

DIOS HACE HONOR A LA PLANIFICACION

". . . yo le señalé tiempo".

¿Sabe usted que Dios hace honor al orden y a la organización? ¿Puede usted imaginarse lo que se produjo con anticipación en la mente de Nehemías para poder dar una respuesta inmediata y directa? Nehemías tenía un plan. Como vemos, él había estado haciendo algo más que simplemente orar durante esos cuatro meses. Había estado planificando. Eso en sí mismo era un ejercicio de fe. El estaba tan seguro de que Dios le permitiría ir que incluso trazó un programa en caso de que el rey le preguntara cuánto tiempo necesitaría estar ausente.

Leemos en Proverbios 16:9:

El corazón del hombre piensa su camino;
Mas Jehová endereza sus pasos.

El hecho de andar por fe no significa andar de una manera desordenada o al azar. Cuando uno tiene un proyecto lo piensa completamente y calcula su costo económico. (Trataré este asunto en el capítulo 7.)

Para mí es de gran preocupación el hecho de que muchos individuos que emprenden algún proyecto en la obra del Señor entran sin cuidadosa planificación. Comienzan abruptamente sin meditar completamente en las siguientes preguntas: "¿A dónde nos llevará esto?" ¿Cómo puedo expresar esto en términos claros, inequívocos y concretos? ¿Cuáles son los costos, los objetivos, los posibles escollos? ¿Qué proceso debo utilizar?" Yo pudiera nombrar un número de individuos o familias que entraron en el ministerio con entusiasmo, pero posteriormente abandonaron por cuanto no habían considerado el costo. Las personas más desilusionadas que conozco son aquellas que entraron en la obra del Señor y ahora están pagando el precio de no pensar completamente en sus planes.

Admitimos que es difícil planificar. Pensar no es tan emocionante como actuar, pero si no se dedica tiempo a pensar, la confusión es inevitable. ¡Los buenos líderes cumplen su tarea en la casa!

Algunos podrán leer Nehemías 2:7-9 y pensar que Nehemías era presuntuoso. El no fue presuntuoso, sino práctico. Cuando el rey Artajerjes le dijo: "Bueno, puedes ir", Nehemías continuó: "Ahora, espera un momento, rey; antes de salir, tengo que hablar contigo un par de cosas".

. . . Si le place al rey [me gusta su cortés manera de comenzar], que se me den cartas para los gobernadores al otro lado del río, para que me franqueen el paso hasta que llegue a Judá [los gobernadores eran personas que iban a tratar de detenerlo en sus planes] . . . y carta para Asaf guarda del bosque del rey, para que me dé madera para enmaderar las puertas del palacio de la casa, y para el muro de la ciudad, y la casa en que yo estaré.

¿Qué es lo que pide? Está pidiendo la madera para construirse una casa para sí mismo. Esa es una mente práctica que trabaja. Como usted ve, durante los cuatro meses de espera, Nehemías estuvo planificando.

Los soldados de la antigua Guerra de Revolución acostumbraban a decir: "Confía en Dios, pero mantén tu pólvora seca". Ora a Dios, pero haz tus planes, establece tus puntos de vista, piensa completamente en los obstáculos.

Muchas personas que están en la obra de Dios son de vista corta. Imaginemos lo que hubiera ocurrido en la primera conversación de Nehemías con un oficial fuera de la provincia de Susa, si no hubiera planificado con anticipación.

—¿A dónde va usted?

—Bueno, tenía la esperanza de ir por fe hasta Jerusalén.

—Bien, ¿dónde están sus cartas de recomendación?

—No tengo cartas de ninguna especie.

—Entonces regrese y consígalas.

El hubiera tenido que regresar y comenzar de nuevo todos los planes.

Nehemías era diferente de la mayoría de personas que "trabajan por fe". ¿Puede usted imaginárselo mientras salía de Susa y se aproximaba al primer funcionario oficial?

—Esta es una carta del rey.

—¿Quién la escribió?

—Artajerjes. Vea . . . la firma.

—¡Hombre, siga adelante!

Luego, entró en el territorio de Asaf. Probablemente era un pensador negativo y tal vez un avaro.

—¿Qué quiere usted?

—Quiero madera.

—No. Sólo puede obtenerla con autorización real.

—Artajerjes me dio la autorización para obtener toda la madera que quiera.

¡Estoy convencido de que Asaf revisó la autorización real!

Ese es un ejemplo de la perfecta planificación. Dios hace honor a esa manera de pensar.

En el versículo 6 se anota la respuesta positiva del rey Artajerjes.

Y agradó al rey enviarme.

Artajerjes tuvo que enviarlo, porque Dios estaba al lado de Nehemías. Sólo era cosa del tiempo. Así que Artajerjes dijo: "Está bien. Puedes ir". ¿Pero fue eso todo lo que hizo el rey? El versículo 8 concluye con la siguiente declaración: "Y me lo concedió el rey . . ." El le concedió las cartas, que eran documentos oficiales que le permitirían hacer el viaje sin inconveniente.

Notemos la aclaración de Nehemías con respecto a la respuesta del rey:

> Y me lo concedió el rey, según la benéfica mano de Jehová sobre mí.

Durante cuatro meses, en la soledad de su cámara de oración, Nehemías había bombardeado fielmente el trono de Dios: "Señor, envíame a Jerusalén. Cambia el corazón del rey para que yo pueda ir. ¡Dame luz verde!" De modo que Nehemías no tuvo dudas con respecto al cambio de dirección de los acontecimientos.

Cuando el Señor extiende su mano a los líderes escogidos, la manera como la gente es movida a responder es como un viento arrasador. La mano del Señor estaba sobre Nehemías. Y se marchó de lo más emocionado.

UN LARGO VIAJE

Examinemos su ruta. El versículo 9 comienza diciendo:

> Vine luego a los gobernadores del otro lado del río, . . .

Allí están los gobernadores, tal como él lo había esperado. Nehemías les entregó las cartas del rey. El rey no sólo había enviado las cartas, sino que también había provisto para Nehemías todo lo que este había pedido y aun más:

> Y el rey envió conmigo capitanes del ejército y gente de a caballo.

El rey ofreció hacer más de lo que Nehemías había esperado. "No sólo enviaré las cartas. No sólo enviaré la autorización para que utilices mi madera. Además, despacharé unos pocos hombres de a caballo y unos pocos soldados, y ellos pueden ir contigo para protegerte en el camino".

Esta generosa respuesta del rey vino por cuanto su corazón estaba en la mano de Jehová. Dios lo inclinaba hacia cualquier dirección que quisiera.

Nehemías marchaba en camino hacia su meta; pero en el versículo 10 leemos que se enfrentó con personas difíciles, las mismas con las que se encontraría vez tras vez a través de su proyecto. Veámoslas.

> Pero oyéndolo Sanbalat horonita y Tobías el siervo amonita, les disgustó en extremo que viniese alguno para procurar el bien de los hijos de Israel (versículo 10).

Nehemías se enfrentó a su primera oposición. Cuando uno anda por fe, invariablemente chocará con los "Sanbalats" y los "Tobías".

Si usted ha intentado realizar algún proyecto que requiere trabajo voluntario, se habrá encontrado con personas que nunca se cansan de citar la Ley de Murphy: "Eso no tendrá éxito". Hay muchos hombres y mujeres que viven de acuerdo con ese principio. Toda su vida es una gran negación. Tienen un espíritu crítico que los asfixia. Cada vez que se les presenta un desafío, responden: "¡Eso no puede hacerse!"

Así que cuando Sanbalat y Tobías oyeron acerca de la venida de Nehemías, su inmediata respuesta fue esta: "¡No hay manera de hacer eso!" Como usted ve, además de sus actitudes negativas, tenían intereses económicos con los habitantes de Jerusalén; y el plan de Nehemías con toda seguridad echaría a perder sus libros de cuentas. Así que comenzaron a hacer planes para oponerse al arreglo de Dios.

Cuando uno anda por medio de la fe y trata de dirigir, encontrará la hostilidad de personas que andan por lo que aprecia la vista. Estas se sienten reprendidas por la vida de fe. Especialmente se sienten reprendidas por cuanto no tienen la visión que uno tiene. Sanbalat y Tobías oyeron acerca de los ambiciosos planes que tenía Nehemías de reconstruir los muros de la ciudad, y se sintieron perturbados. El hecho de experimentar la crítica y la oposición no significa necesariamente que uno está fuera de la voluntad de Dios. Más bien, eso puede reforzar el hecho de que uno está en el mismo centro de su plan.

Como vimos en el capítulo 1, aquí fue donde Nehemías cambió de ocupación. Ya no era el copero. Ahora era el ingeniero civil, el constructor principal.

Llegué, pues, a Jerusalén, y después de estar allí tres días (2:11).

¿Qué era lo que estaba haciendo Nehemías? No lo sabemos. Pero, a juzgar por el registro anterior de lo que él había hecho, había vuelto probablemente a la presencia de Dios para buscar posterior dirección.

CUATRO PRINCIPIOS SOBRE LA PREPARACION

Nehemías se estaba preparando para una dura tarea, pero tenía la cabeza bien puesta. El relato sobre su preparación revela lo que yo considero como cuatro principios intemporales para comenzar el camino de Dios.

1. *El cambio de corazón es asunto de Dios.* No intente usted de cambiar a las personas para que se adapten a sus especificaciones. Repito, no lo intente. No intente manipular a los individuos, ni hacer juegos, ni planificar esquemas, trucos o engaños con ellos. En vez de eso, ¡hable con Dios con respecto a ellos! Tal vez usted tenga un cónyuge que simplemente es terco, ¡y esta misma mañana le dijo que no tiene planes de cambiar! Deje a Dios que se encargue de la terquedad de su cónyuge.

Tal vez usted esté trabajando con alguien que es injusto e inflexible, simplemente irrealista. ¿Cómo va a trabajar en esta situación? Usted ha tratado de poner en práctica toda clase de medios, pero no ha tenido éxito. Hable con Dios respecto a ese problema.

¡Tal vez en los negocios o en la docencia usted conozca a personas que son criaturas imposibles! Dios dice: "Déjamelas a mí. Yo las cambiaré de un modo que jamás creerás posible. Ahora, no lo voy a hacer según *tú* itinerario. Yo lo haré en el momento que crea oportuno". Así que, hasta entonces, simplemente tranquilícese.

Pero entretanto, ¡no dé la impresión de que es muy espiritual! Cuando su cónyuge le mire y le pregunte: "¿Qué estás haciendo?" no le conteste con los párpados entrecerrados y con un tono almibarado: "Estoy orando por ti, mi amor, para que Dios cambie tu vida".

¡Eso es algo terrible! Simplemente relájese; permita que Dios se encargue de eso. Luego, cuando se produzca el cambio, imagínese usted Quién recibirá *toda* la gloria.

2. *El orar y el esperar van de la mano.* Usted nunca ha orado realmente mientras no haya aprendido a esperar, y a esperar con tranquilidad. Abandónese usted mismo en las manos de Dios; permita que Dios cambie el corazón del rey. Esto es duro; rompe la esencia de nuestra naturaleza humana. Pero permanezca usted firme. Abandone las soluciones fabricadas por usted y corra el riesgo de permitir que Dios se haga cargo del asunto.

3. *La fe no es un sinónimo de desorden ni un sustituto de la planificación cuidadosa.* Las personas de fe necesitan tener mentes ordenadas. Los dirigentes como Nehemías piensan bien en los problemas con los que se enfrentan. Aunque las circunstancias sólo les permitan marchar a paso lento por ahora, uno puede estar seguro de que ya han pensado bien los siguientes doce pasos. ¿Por qué? Porque la fe alimenta la organización. Las dos cosas van juntas.

Hace pocos años tuve la oportunidad de trabajar con un hombre de negocios. Esa fue una de las experiencias que más me han enseñado. Durante más de tres años, me reuní regularmente con un grupo de vendedores asociados con una gran corporación. En esos encuentros aprendí a pensar mucho más como piensan los hombres de negocios, y aprendí a apreciarlos.

Casi todo lo que se les presenta a los hombres de negocios se les comunica en términos de hechos prácticos. Estos hechos constituyen el fundamento sobre el cual se basa la discusión posterior. De estos dedicados hombres cristianos de negocios aprendí que Dios hace honor al pensamiento ordenado. A Él no le place cuando esperamos que Él nos libre del dolor del fracaso, cuando ni siquiera hemos pensado en el costo del éxito. Por supuesto, Él no quiere que fallemos en aquello a lo cual nos llama, pero le agrada que planifiquemos.

4. *Debe esperarse la oposición cuando estamos cumpliendo la voluntad de Dios.* Cuando una persona sabe que está siguiendo la voluntad de Dios, sería raro que no hubiera por lo menos una persona que se le opusiera. Rara vez he visto que esto sea de otro modo.

¿No aprecia usted a este hombre Nehemías? Se encuentra con nosotros allí mismo donde vivimos. Cuando se enfrentó a necesidades económicas, le pidió letras al rey. Cuando sintió miedo, dijo: "Señor, dame las palabras que debo decir". Fue un hombre de fe; sin embargo, equilibró cuidadosamente la fe con la realidad. El no tenía que tener en sus manos un plan detallado de acción, pero pensaba bien en las dificultades que lo esperaban. Fue un hombre de valor indomable. Pensemos en que él abandonó todo lo que le era conocido en Susa, montó a caballo y se marchó para un viaje de unos 1.300 kilómetros. ¡Qué gran experiencia! Sin embargo, qué amenazadora, qué riesgo, desde el punto de vista humano.

Nehemías ha ejemplificado los cuatro pasos previos que deben dar aquellos que desean descubrir y desarrollar sus potenciales y habilidades para el liderato. El (1) comprendió sus propias limitaciones: sólo Dios puede cambiar el corazón del hombre; (2) buscó a Dios: orando y esperando; (3) organizó un plan de acción factible (mientras esperaba la respuesta del Señor); y (4) tan pronto como Dios le abrió el camino, continuó hacia adelante, para ejecutar el plan, a pesar de la oposición.

Es esencial un plan; es esencial esperar que Dios obre; pero lo difícil es continuar cuando uno se encuentra con las personas. En el siguiente capítulo nos moveremos hacia la fase en la que la rueda del liderato se encuentra con la carretera de la realidad: todo lo relacionado con el estímulo y motivación para que los otros se dispongan a trabajar.

cuatro

La salida del punto muerto

Estudiar la historia de Nehemías es algo así como oir un concierto. Así como en un concierto musical se destaca un solista, así en este concierto literario se destaca Nehemías. El no era el director. El Director era Dios El solista, sin embargo, tocó su instrumento con bella técnica.

El concierto emplea un tema principal o melodía. El principal tema del libro de Nehemías es el *liderato*. Hay otras partes tales como la planificación, la oración, la oposición y el gobierno; pero a pesar de todas las melodías secundarias, el tema básico del liderato se manifiesta una vez tras otra.

Finalmente, todo concierto tiene por lo menos tres movimientos principales, y a menudo cada uno de ellos se toca en contraste con los otros. El primero puede ser tranquilo y suave; el siguiente, apasionado y emocionante; y el último puede tener algo de los otros dos, y terminar con un crescendo culminante.

Lo mismo sucede en la historia del liderato de Nehemías. El primer movimiento ocurre desde el capítulo 1 hasta el capítulo 2, versículo 10. Allí vemos a Nehemías en su parte como *copero* del rey. Desde el versículo 11 del capítulo 2 hasta el fin del capítulo 6, hay un conmovedor movimiento de Nehemías como *constructor*. El movimiento final del libro comienza cuando llegamos al capítulo 7, y prosigue en un gran crescendo hasta el fin del libro. En estos últimos cinco capítulos vemos a Nehemías como *gobernador*.

Si continuamos la analogía un poco más, yo diría que en ningún otro movimiento despliega el solista mayor técnica y brillantez como en el segundo. Cuando Nehemías llegó a ser constructor, determinado a construir el muro alrededor de Jerusalén, yo creo que se convirtió en uno de los grandes dirigentes de la historia. Sin embargo, su papel de constructor no comenzó en forma muy elocuente. El primer movimiento termina después de haber producido un clímax atronador en el versículo 11. Uno casi puede oir la percusión, el sondio estridente de las trompetas y la armonía de movimiento entre las cuerdas mientras Nehemías proclama: "Llegué, pues, a Jerusalén".

En este punto Nehemías se portó de un modo muy diferente al que hubiéramos esperado. El apresurado lector pensaría que Nehemías, habiendo llegado a su destino, hubiera sido arrastrado por una fuerte compulsión interna a sacar el palustre, contratar subconstructores y aplicar la plomada; es decir, a comenzar el muro *rápidamente*. Pero no lo hizo así. En realidad, *no hizo nada*. El segundo movimiento del concierto comienza en la última parte del versículo 11, con la declaración de Nehemías: ". . . y después de estar allí tres días".

¿Por qué no se dedicó a trabajar inmediatamente? Porque no sabía lo que Dios tenía dispuesto para él. En efecto, Dios guardaba silencio.

Ahora bien, no sé si eso ocurrió durante esos tres días o inmediatamente después, pero notemos lo que sucedió luego:

> . . . me levanté de noche, yo y unos pocos varones conmigo, y no declaré a hombre alguno lo que Dios había puesto en mi corazón . . . (versículo 12).

Posteriormente en el versículo 16, Nehemías informa:

> Y no sabían los oficiales a dónde yo había ido, ni qué había hecho; ni hasta entonces lo había declarado yo a los judíos y sacerdotes, ni a los nobles y oficiales, ni a los demás que hacían la obra.

Este es el lado del liderato que el observador que no está envuelto, ni siquiera los trabajadores, ven nunca. La gente se cree que el líder vive de un modo excitante bajo la luminaria de reflectores. Que se complace en recibir aplauso tras aplauso de un público extático. Esa imagen del líder de éxito es promovida por la televisión y la prensa, o a través de los canales internos de comunicación de una compañía. Pero Dios comienza el relato del segundo papel de Nehemías, indicándonos que los líderes de éxito saben manejarse en la soledad.

En el silencio es donde la persona se asegura el respeto del público. En lo que respecta a los Estados Unidos de Norteamérica, ahora mismo nos están doliendo nuestras venas políticas. Para algunos de nosotros es la primera vez que nos preguntamos que está ocurriendo en la soledad de la Oficina Oval. Hemos crecido en un ambiente que nos hace confiar en nuestros dirigentes nacionales. No nos gusta hacer preguntas que parezcan sospechosas, pues deseamos respetar las acciones ocultas de nuestros líderes. Desafortunadamente ha desaparecido esa confianza que no pone nada en tela de juicio.

ANTES DE LA ACTIVIDAD
. . . UNA SOLEDAD CON SENTIDO

Si usted piensa que el hecho de estar sumamente ocupado equivale a ser espiritual, aprenda una lección de Nehemías. No es en la premura y en el apresuramiento donde la persona logra el respeto de los que la rodean; lo importante es lo que hace cuando está a solas. Fue muy atinado lo que alguien escribió una vez: "El carácter es aquello que usted es cuando nadie lo está mirando".

¿Qué estaba ocurriendo durante los días de silencio de Nehemías? Leemos en Nehemías 2:12:

. . . no declaré a hombre alguno lo que Dios había puesto en mi corazón . . .

En esa declaración, aparentemente insignificante y pequeña, hay volúmenes de conocimiento. En el tiempo de quietud, cuando no había actividad, Dios estaba colocando en el corazón de Nehemías información de primera calidad.

Si usted es maestro de Escuela Dominical o pastor, está administrando a otros la Palabra de Dios. ¿Pero es usted un estudiante de la Palabra? ¿Está tomando nota de lo que Dios escribió?

De vez en cuando, algún joven interesado en ser pastor me pregunta acerca de mi secreto para tener éxito en el ministerio, como si detrás del escenario hubiera hábiles maniobras involucradas. Mi respuesta usualmente es directa: Haga lo que le corresponde. Sea lo que debe ser cuando nadie lo está mirando. Haga el trabajo; y hágalo lo mejor que pueda por el puro gozo de glorificar a Dios en el proceso. ¡Y eso requiere que usted dedique tiempo a las Escrituras!

Ese fue el principal secreto del éxito de Nehemías. El fue fiel entre bastidores. Oyó al Señor.

Mientras escudriñaba la mente de Dios, Nehemías recibió dirección objetiva.

> Y salí de noche por la puerta del Valle hacia la fuente del Dragón y a la puerta del Muladar; y observé los muros de Jerusalén [notemos esto] . . . Pasé luego a la puerta de la Fuente . . . (versículos 13, 14).

El continuó a través de la parte sur de Jerusalén y regresó hacia el lado occidental, a la puerta de la Fuente. Cuando Nehemías llegó al estanque del Rey, eran tantos los escombros que no pudo pasar con su cabalgadura. Indudablemente se bajó y caminó delante de su bestia. Y escribió:

> Y subí de noche por el torrente y observé el muro . . .

Dos veces se refiere al hecho de que inspeccionó los daños (versículos 13-15). La palabra hebrea que se tradujo como "observé" significa "mirar algo ciudadosamente". Es un término médico que se refiere a examinar una herida para ver hasta donde se extiende la lesión.

Nehemías hizo un examen ciudadoso y consciente del muro por una razón. Como líder, le correspondía a él estar enterado de los detalles y desarrollar un plan de acción. Pero hay una inmensa diferencia entre *estar uno enterado* de los detalles y *estar perdido* en los detalles. El individuo que puede dar un paso hacia atrás, estando plenamente enterado de los hechos y, sin embargo, no perdido en ellos, es el que está mejor equipado para dirigir.

Nehemías hizo una investigación cuidadosa de los hechos. En su mente estaba desarrollando un plan maestro para todo el proceso de construcción, y estaba determinando cuál sería el personal necesario y los materiales de construcción.

Mientras él estaba inspeccionando puertas y muros y otras secciones de la ciudad, hubiera podido pensar: "Ahora, vamos a ver. ¿Quién será el que puede hacer mejor esta tarea? Esa sección exigirá que se haga cargo de ella un artesano en el oficio. Las excavaciones no tendrían que ser hechas por hábiles artesanos. Arrancar la hierba, remover los viejos escombros, ponerlos a un lado para despejar el sitio de construcción, bueno, cualquiera puede hacer eso".

En otras palabras, Nehemías lo planificó todo. El sabía que el trabajo tenía que cuadrar con el individuo. Todo el trabajo esencial para la gigantesca empresa se estaba produciendo en el silencio y en la soledad de este tiempo.

DESPUES DE LA SOLEDAD
. . . FUERTE MOTIVACION

Nehemías había hecho todo lo que le correspondía hacer en casa y había realizado todas las inspecciones. Finalmente estaba listo para hablar de la necesidad de reconstruir el muro de la ciudad. Era la hora de salir del punto muerto.

Les dije, pues . . .

Nehemías no les había dicho nada acerca de sus planes durante tres días. Después de eso, se colocó de pie frente al concejo de la ciudad y dijo:

Vosotros veis el mal en que estamos, que Jerusalén está desierta, y sus puertas consumidas por el fuego; venid, y edifiquemos el muro de Jerusalén, y no estemos más en oprobio" (versículo 17).

En mi Biblia, he encerrado en círculos tres palabras vitalmente importantes de este versículo: "estamos", "edifiquemos", "no estemos". Para poder motivar a la comisión de planeamiento urbano de la ciudad y a los posibles empleados, tenía que identificarse con la necesidad.

Imaginemos la clase de respuesta que hubiera obtenido si hubiera dicho: "Ustedes están metidos en unos terribles escombros. ¿Saben ustedes lo que deben hacer? Necesitan reconstruir el muro. Si me necesitan, estaré en mi oficina. Al fin y al cabo, yo no fui parte del problema. ¡Ustedes tendrán que poner esto en marcha y hacer la obra!"

Cuando uno echa la culpa a otros y critica, suprime la motivación. Cuando uno se identifica con el problema, estimula la motivación.

Pero aunque Nehemías se identificó con el pueblo y estaba preocupado personalmente por el problema, no trató de esconder los duros hechos. No rogó ni amenazó; ni fue negativo en su enfoque. Simplemente dijo: "Tenemos que hacer algo con respecto a este problema. Reconstruyamos el muro". Nehemías extendió la invitación para reconstruir el muro y le ofreció al pueblo una razón para que la aceptara: "no estemos más en oprobio".

Hay dos clases de motivación: *motivación extrínseca*, que es la más común pero que sólo es utilizada por la minoría de grandes líderes; y *motivación intrínseca*, que es la que se dirige al interior de la persona.

Consideremos el uso de la motivación extrínseca. Usted le dice a su hijo:

—Vamos, mi amor, es tiempo de que te bañes. Hoy es sábado . . . noche de baño. Vamos, a limpiarte.

—No quiero —responde el muchacho.

—Si te bañas pronto, te dejaré ver televisión —usted le dice.

Ese es un ejemplo del incentivo externo.

Cuando el hijo crece un poco y comienza a asistir a la escuela, los padres le ofrecen, digamos un dólar, por cada nota excelente que obtenga. Cuando el mismo muchacho entra en la universidad se le dice: "Si consigues buenas notas, figurarás en la lista de sobresalientes que tiene el decano". Esta es, pues, la motivación extrínseca. En la comunidad comercial existe el "aguinaldo", es decir, algún viaje especial que puede ganarse si se incrementa el volumen de ventas. Eso es rascar donde más pica: externamente.

La motivación extrínseca va dirigida a nuestras actitudes materialistas. Sin embargo, no toda la motivación externa es inadecuada. Ocasionalmente, es lo que resuelve el problema, especialmente cuando se trata de niños o entre aquellas personas que necesitan ser recompensadas por un trabajo bien hecho. Pero no es la mejor manera de hacer que la gente comprenda el valor de la inversión de su energía.

Nehemías no prometió ningún incentivo material cuando dirigió la palabra a los funcionarios de Jerusalén. No ofreció premios a las familias que trabajaran más rápidamente, ni una semana de esparcimiento en el mar Muerto para el grupo que hiciera el trabajo más atractivo. No se inclinaba por esa clase de motivación. Pero muchas iglesias hoy sí se inclinan hacia ella. Ofrecemos premios a los niños por llevar amigos a la iglesia, por aprender versículos de memoria, o por asistir puntualmente. Eso pudiera ser efectivo con los muchachos durante algún tiempo, pero algo anda mal cuando esto tiene que continuar. Cuando crecemos, la motivación intrínseca debe ser más atractiva. Nehemías simplemente dijo: "Vean las ruinas. Estamos en un terrible aprieto. Reconstruyamos". Y el pueblo contestó: "Hagámoslo".

¿Por qué respondieron los ciudadanos con disposición a la propuesta de Nehemías? Como Nehemías estaba siendo dirigido por Dios, pudo apelar a su celo *intrínseco*. Pudo rascarles donde tenían la picazón. No hay muchas personas que pueden hacer eso hoy; nunca las ha habido. Pero los que pueden hacerlo son los mejores dirigentes.

Acabo de leer una biografía de Winston Churchill. Siempre me ha impresionado la historia de ese hombre. En los discursos de Winston Churchill no puedo hallar una ocasión en que emplee la motivación extrínseca. Suyas son las siguientes palabras:

> No tengo nada que ofrecer, sino sangre, trabajo, lágrimas y sudor.

> Victoria a toda costa, victoria a pesar de todo el terror, victoria por más que el camino sea largo y duro; porque sin victoria no hay supervivencia.

> . . . no flaquearemos ni fallaremos. Marcharemos hasta el fin. Pelearemos en Francia, pelearemos en los mares y en los océa-

nos, pelearemos con creciente confianza y con creciente fortaleza en el aire; defenderemos nuestra Isla a cualquier costo.

Pelearemos en las costas, pelearemos en los aeropuertos, pelearemos en los campos y en las calles, pelearemos en las montañas; nunca nos rendiremos . . .[6]

El dijo al presidente de los Estados Unidos de América el 9
de febrero de 1941, a través de una transmisión de radio:
"Dennos las herramientas, y nosotros terminaremos el trabajo".[7]

Nunca olvidaré el asombroso discurso que dirigió a un pueblo aterrado en Bretaña, cuando se dirigió a la Cámara de los
Comunes el 30 de diciembre de 1941. En él incluyó las siguientes palabras:

Cuando advertí (a los franceses) que la Gran Bretaña conti-
nuaría peleando sola, cualquiera que fuera la decisión de ellos,
los generales de ellos dijeron a su primer ministro y al gabinete
dividido: "Dentro de tres semanas, Inglaterra tendrá su cuello
retorcido como un pollo". Qué pollo; qué cuello.[8]

Los nazis nunca retorcieron el cuello a Inglaterra. De algún
modo, Churchill, aquella pequeña criatura regordeta, pudo
permanecer detrás de un micrófono y fortalecer a los millares
de británicos con una motivación intrínseca. Dirigió la motivación al celo de ellos.

Esto me hace recordar a David cuando se quitó la armadura
que Saúl le había dado y a través del valle miró la cara de
aquel horrible gigante. Entonces dijo: "¿No hay causa?" Y
mientras todo el mundo se quedó pensando en los inconve-
nientes, David gritó: "¡Apártense!" Recogió unas pocas piedras, y usted sabe el resto de la historia. David poseía aquella
maravillosa motivación interna que nunca se rinde. Nehemías
comunicó la misma fortaleza interna y la misma promesa:

Entonces les declaré cómo la mano de mi Dios había sido
buena sobre mí, y asimismo las palabras que el rey me había dicho. Y dijeron: Levantémonos y edifiquemos. Así esforzaron sus
manos para bien (versículo 18).

Alguien sugirió una vez, "Si usted realmente quiere verificar la habilidad que tiene una persona para dirigir, sólo fíjese
si alguien lo está siguiendo". Aquí fue precisamente cuando

Nehemías surgió como líder. Sus nuevos seguidores dijeron: "Levantemos y edifiquemos. Así esforzaremos nuestras manos para bien".

CON MOTIVACION . . . ES
INEVITABLE LA OPOSICION

¡Notemos que de inmediato viene la oposición! Nunca falla. Hay crítica directa al plan. Tan pronto como las cuadrillas de reconstrucción se dispusieron, recibieron la oposición. Pudo oirse otra vez la Ley de Murphy.

> Pero cuando lo oyeron Sanbalat horonita, Tobías el siervo amonita, y Gesem el árabe, hicieron escarnio de nosotros, y nos despreciaron, diciendo: ¿Qué es esto que hacéis vosotros? ¿Os rebeláis contra el rey? (versículo 19).

El término hebreo que se tradujo como "hicieron escarnio" significa "balbucir", "tartamudear", "pronunciar repetidamente palabras de escarnio". Sanbalat y Tobías mantenían sus cabezas en alto, miraban por encima de sus hombros, y se burlaban del pequeño grupo de judíos, diciendo: "Ustedes están locos. Nunca lograrán hacer eso. Al fin y al cabo, se están rebelando contra el rey. ¿Verdad?"

¡Me imagino a Nehemías sacando otra vez aquellas cartas! "Estas son las palabras del rey —gritó—. Artajerjes me dio la autorización".

Pero él hizo algo más. Expresó una firma política en el tiempo preciso.

> Y en respuesta les dije: El Dios de los cielos, él nos prosperará, y nosotros sus siervos nos levantaremos y edificaremos, porque vosotros no tenéis parte ni derecho ni memoria en Jerusalén (versículo 20).

Nehemías sabía que él y su pueblo de Jerusalén estaban haciendo la obra de Dios, por tanto, no pondría atención a cualquiera que se opusiera a lo que él sabía que era lo adecuado. Y además, no intentó asociarse con aquellas personas que intentaban detener lo que obviamente era de Dios. Estaba determinado a no permitir que nadie que no fuera Dios detuviera la obra.

Me pregunto cuántos de nosotros hubiéramos dicho: "Como ustedes ven, la gente realmente no quiere un muro nuevo. No podemos continuar con el proyecto, pues la oposición es demasiado manifiesta. No han tenido muro aquí durante más de 150 años, y se han acostumbrado a vivir en esta forma. No vale la pena cambiar. Empaquemos y vayámonos".

Nehemías, sin embargo, se plantó firmemente, y se aferró a su posición original.

Parte de los requisitos de trabajo no escritos para un dirigente es la capacidad para manejar la crítica. Esa es parte del liderato. Si usted no es criticado, es probable que no está logrando hacer nada. Un líder sabio evaluará la oposición del espíritu y de la actitud con que se da la crítica. También considerará la voz a la cual pone atención la oposición. Si las personas que lo critican a usted están atentas a la voz de Dios, es mejor que usted les ponga atención. Pero si marchan al ritmo de otra música, use la técnica de Nehemías: "Miren, ellos ni siquiera pertenecen a nuestro campamento. Continuemos hacia adelante".

¿Y sabe usted? Ni siquiera con eso se retiraron aquellos tercos hombres que se opusieron a la misión de Nehemías. ¡Se mantuvieron cerca todo el tiempo que duró la construcción del muro! Cuando iba por la mitad, se burlaban: "Hasta una zorra vieja podría derribar ese muro". Pero acuérdese, que ahora estaban gritando al otro lado del muro.

Mientras Nehemías dirigía a los demás en la construcción del muro, tenía sus ojos puestos en la batuta del Director.

¿Cae usted en la cuenta de que puede tener sus ojos puestos en diversas direcciones en la vida cristiana? Puede tenerlos pegados en *alguna otra persona*. Si así es, pronto estará usted frustrado o aun desilusionado pues esa persona fallará. Nunca ponga sus ojos en algún miembro de la directiva de la iglesia, ni en ningún funcionario, ni en ningún amigo. Es la mejor manera de echar a perder sus pasos. En vez de ello, mantenga sus ojos fijos en Dios.

Usted puede fijar los ojos en su propia situación y estar absorto en la autoconmiseración. O puede poner los ojos en *usted mismo* y llenarse de orgullo, o desmoralizarse a causa de la inseguridad. Cuando usted pone los ojos en sí mismo, constantemente está comparando su vida con la de alguna otra persona. Nunca se sentirá sosegado mientras esté librando la batalla de la comparación.

Suya es la decisión. Puede permitir que sus ojos vaguen sin meta fija, o simplemente puede mirar hacia arriba y fijar los ojos en el *Director*. Aunque a usted le corresponda lo que llama una parte insignificante de la orquesta total, nunca carecerá de dirección.

cinco

Derribados, pero no desmayados

Ningún líder está exento de la crítica, y jamás se verá más claramente su humildad que en la manera en que la acepta y reacciona ante ella.[9]

Cualquiera que se meta en la arena del liderato tiene que estar preparado para pagar el precio. El verdadero liderato impone un fuerte impuesto sobre la totalidad de la persona, ¡y cuanto más efectivo sea el liderato, tanto más elevado será el precio! El dirigente tiene que enfrentarse pronto con el hecho de que será el blanco de los dardos de la crítica. Aunque este pensamiento puede parecer desagradable, usted realmente no ha dirigido nada mientras no haya llegado a familiarizarse con las punzantes púas de la crítica. Los buenos dirigentes tienen que tener la piel dura.

En el último capítulo dejamos a Nehemías de pie delante de la tabla vertical contra la cual se lanzan los dardos. Eso lo hicimos intencionadamente. Como sabía yo que sus críticos no habían terminado los ataques, decidí tratar lo relativo a ellos de manera amplia en este capítulo, en vez de intentar antes un breve y apresurado análisis. Sin embargo, antes de ahondar en el creciente problema de la oposición a que tuvo que enfrentarse Nehemías, echemos una mirada a una rara promesa que se halla en 2 Corintios 4.

Cualquiera que piense seriamente servir a Dios como líder en la Iglesia de Jesucristo, debe hacer un estudio serio del apóstol Pablo. La vida de Pablo es algo así como un dechado que deben seguir las personas que están en el liderato. La Segunda Epístola a los Corintios es clave para este estudio, porque habla más acerca de sí mismo en esta epístola que en cualquiera de las otras.

No debe sorprendernos el hecho de leer una honesta admisión del gravamen que el ministerio de Cristo impuso a la vida de Pablo, en 2 Corintios 4:7:

> Pero tenemos este tesoro en vasos de barro, para que la excelencia del poder sea de Dios, y no de nosotros.

La declaración "tenemos este tesoro en vasos de barro" se refiere a una pieza de alfarería, a una vasija de barro. El se estaba refiriendo al tesoro del Evangelio, y dijo que lo tenemos guardado en vasijas de barro, con lo cual se refería a nuestra humanidad. "Tenemos este tesoro [el Evangelio] en vasos de barro [nuestros frágiles cuerpos humanos], para que la excelencia del poder sea de Dios, y no de nosotros". No hay poder ni resistencia en una vasija de barro. Es frágil y fea. A menudo deja pasar el líquido a gotas. El paso del tiempo sólo debilita la vasija de barro. Pablo dijo que cualquier manifestación de poder no procede de la vasija, sino más bien de su contenido.

Luego, Pablo describió la vida de una vasija:

> . . . que estamos atribulados en todo, mas no angustiados; en apuros, mas no desesperados; perseguidos, mas no desamparados; derribados, pero no destruidos; llevando en el cuerpo siempre por todas partes la muerte de Jesús, para que también la vida de Jesús se manifieste en nuestros cuerpos (2 Corintios 4:8-10).

La palabra clave del versículo 10 es "siempre". Aquí Pablo describe la vida del líder espiritual como la que lleva "siempre por todas partes la muerte de Jesús". Las señales de la muerte están siempre en las vidas de las personas escogidas por Dios.

Estas señales de muerte son evidentes en las vidas de los dirigentes de Dios, por cuanto Dios quiere desplegar la vida de

Jesús en la vasija. Como usted ve, Dios no sólo está interesado en bendecir la vasija, sino también en utilizar la vasija misma. Dios no declara la verdad abstracta procedente de los labios de un ángel; El pone la verdad en la vida real. Luego El presenta esa vida delante del pueblo, ya sea en los negocios, en una clase bíblica, en un grupo de discípulos, en una creciente escuela cristiana, en una organización misionera, o en una iglesia. Utiliza a personas imperfectas—vasos de barro—para manifestar la gloria de Dios. En este pasaje también se hace hincapié en que la oposición es inevitable. Un líder piadoso siempre lleva por todas partes las señales de muerte del chismoso.

Me encanta el modo como J.B. Phillips expresa el mismo versículo en su obra *Letters to Young Churches* (Cartas a las iglesias jóvenes). Escribe:

> Estamos obstaculizados por todos lados, pero no estamos frustrados; estamos perplejos, pero nunca desesperados. Estamos perseguidos, pero nunca tenemos que resistir solos; ¡podemos estar derribados, pero nunca desmayados![10]

LA PRESENCIA DE LA OPOSICION

Al volver de nuevo a considerar a Nehemías, tengamos presente que para el líder, la oposición es inevitable. Nehemías tenía que llevar a cabo una tarea: construir el muro en torno a la ciudad de Jerusalén. No parece muy espiritual, pero esa era la voluntad de Dios para su vida.

En el desarrollo de esa tarea, Nehemías fue dirigido por Dios para escoger trabajadores para las diversas partes del proyecto. Unos debían construir ciertas puertas; otros, alguna sección del muro. Unos debían construir en el sur; otros, en la parte norte de la ciudad. Pero todos tenían que hacer algún trabajo. El grupo de trabajadores se describe detalladamente en el capítulo 3 de Nehemías.

Poco después leemos acerca de la oposición con la que se enfrentó Nehemías mientras se construía el muro. *La voluntad de Dios no permitió que el muro se contruyera sin oposición.* Fue precisamente antes de terminar el muro cuando los trabajadores comenzaron a ser bombardeados por las palabras sarcásticas de los críticos.

> Cuando oyó Sanbalat que nosotros edificábamos el muro, se enojó y se enfureció en gran manera, e hizo escarnio de los judíos (4:1).

Lo que promovió la oposición fue el progreso en la obra de construcción. Uno pensaría que el hecho de ver a este pequeño grupo de personas que estaba obteniendo éxito en un inmenso proyecto provocaría la admiración. Pero no sucedió así. Como usted ve, el corazón de los críticos habituales se resiste al cambio. Para ellos, el cambio es una amenaza. En cualquier organización, los que son más críticos contra el cambio son los más inflexibles. Se resisten a cambiar, y se vuelven especialmente suspicaces de los cambios que conduzcan al progreso y al crecimiento.

Fue el cambio, el crecimiento, lo que incitó la ira de Sanbalat. Fijémonos también en los otros que están envueltos en la oposición. En el versículo 1, Sanbalat oyó acerca de la reconstrucción del muro. "Y habló delante de sus hermanos y del ejército de Samaria, . . . (versículo 2); "Y estaba junto a él Tobías el amonita" (versículo 3). Note que aquí se destaca algo que generalmente se verifica: *Los críticos se unen a los críticos.*

Y obviamente, aunque no toda la crítica procede del diablo, ésta sí procedía de él. Era destructiva y perturbadora.

En todo dirigente se tiene que desarrollar la capacidad de medir el valor de la crítica. Tiene que determinar la fuente y el motivo, y tiene que oir con discernimiento. Algunas veces, lo mejor que se puede hacer es responder a la crítica y aprender de ella. Otras veces hay que pasarla por alto por completo.

Los críticos de Nehemías estaban unidos constantemente, y su reacción no era tranquila, apaciblemente desinteresada. ¡No, estaban airados! Se volvieron sarcásticos. Veamos el sarcasmo en el versículo 3. Lo hace a uno reír entre dientes.

> Y estaba junto a él Tobías amonita, el cual dijo: Lo que ellos edifican del muro de piedra, si subiera una zorra lo derribará.

¿Puede usted imaginarse un comentario como ése? Pero Tobías cometió un error garrafal. Afirmó que el muro era edificado por ellos, y por tanto, una zorra lo derribaría. Pero ese no era el muro de piedra de "ellos". *Dios lo había diseñado.* Ocurrió que El utilizó a Nehemías como superintendente, pero el diseñador era Dios. Sucedió tal como lo dijo Jesús: ". . . edificaré mi iglesia; y las puertas del Hades no prevalecerán contra ella" (Mateo 16:18). De modo que el muro sería construido por cuanto Dios deseaba que lo fuera. Los críticos ven constantemente las situaciones desde el punto de vista humano: los muros *de ellos,* los planes *de ellos,* el procedimiento *de ellos,* el arreglo *de ellos.* No se detienen a pensar que pudieran estar criticando el proyecto de Dios.

Así como los críticos del tiempo de Nehemías, el mundo de hoy está tan hipnotizado con la exhibición llamativa, el tamaño y la seguridad tangible, que no puede comprender que Dios está haciendo algo imposible entre una manada insignificante de personas.

Las personas que ven la vida desde el punto de vista humano tienen problemas con los proyectos que requieren pasos gigantes de fe. Como cristianos, necesitamos preguntarnos: "¿Estoy realmente buscando la visión de Dios, su crecimiento, su dirección? ¿O me recuesto tranquilo y digo: 'Bueno, vamos a mantener esto'?" Los que deseamos buscar lo mejor de Dios para nuestras vidas tenemos que aprender a tener los ojos abiertos y positivas nuestras actitudes; no debemos cerrarnos al discernimiento, sino ser positivos. Y no debemos olvidar nunca que siempre, *siempre,* habrá oposición de aquellos que por naturaleza son críticos y negativos. Pero la obra tiene que continuar. El progreso no se debe detener por cuanto algunos critican el plan. ¡Recordemos eso!

HAY QUE ENFRENTAR
DIRECTAMENTE LA CRITICA

Nehemías se enfrentó a la oposición: a aquellos mirones que querían que él no continuara en la construcción del muro de Jerusalén. En respuesta a la crítica, él hizo dos cosas significativas: oró y persistió.

En primer lugar, según los capítulos 4 y 5, *él habló con Dios acerca de la crítica.* El oró:

Oye, oh Dios nuestro, que somos objeto de su menosprecio . . .

Lo que sigue de la oración pudiera sorprendernos, por ser algo raro.

> . . . vuelve el baldón de ellos sobre su cabeza, y entrégalos por despojo en la tierra de su cautiverio. No cubras su iniquidad, ni su pecado sea borrado delante de ti . . .

¿Quiere usted pensar en eso? ¡Es raro! La Biblia está llena de expresiones como éstas: "perdona nuestras iniquidades"; "perdónanos nuestros pecados"; "líbranos de nuestras transgresiones"; "borra nuestras transgresiones". Pero Nehemías oró: "No cubras su iniquidad".

> No cubras su iniquidad, ni su pecado sea borrado delante de ti, porque se airaron contra los que edificaban.

Nehemías libró sus batallas por medio de la oración. Ya lo hemos visto numerosas veces en su vida. A través del proceso terapéutico del tiempo que pasaba de rodillas, él exponía sus peticiones delante de Dios. Es de conocimiento común que lo primero que hacen la mayoría de los dirigentes cuando son atacados es ejercer represalias. Los líderes a menudo son personas de voluntad muy fuerte. Fue necesaria una determinación firme y decidida para construir el muro en torno a Jerusalén y hacer frente a una oposición como ésta. Hubiera sido muy humano si Nehemías los hubiera atacado con armas, pero no lo hizo.

Recordemos lo que David dijo antes de tomar la piedra y la honda en la mano, con las cuales mataría al gigante Goliat:

> Porque de Jehová es la batalla, y él os entregará en nuestras manos (1 Samuel 17:47).

Eso tuvo que haberle sonado extraño a Goliat. Ahí estaba un enano que se dirigía hacia él con una honda, murmurando algo así como que la batalla era del Señor. Eso lo rebajó, y Goliat tuvo que haberse preguntado: "¿Qué individuo es este?" Luego, de repente, todo terminó: ¡Tras! La piedra le pegó precisamente entre los ojos. Goliat fue derrotado. El Señor ganó su batalla.

Echemos una mirada a Daniel, quien cuando se le ordenó adorar la imagen de Nabucodonosor, no dijo: "¡Permítanme presentarme ante él!" En vez de eso, él corrió gradas arriba hacia su habitación, y como lo había hecho en tiempo anteriores, cayó de rodillas ante el Padre y oró.

Nunca tendrá usted más éxito que cuando se arrodilla para orar. ¡El santo que avanza sobre sus rodillas no tiene que retirarse, pues la oración le provee un escudo invencible!

La blanda respuesta quita la ira;
Mas la palabra áspera hace subir el furor (Proverbios 15:1).

¿Qué hacemos nosotros cuando se nos expresan palabras duras? Usualmente gritamos más fuerte. La última discusión que se produjo en su hogar duró tanto tiempo porque uno de los dos continuó gritando. Las discusiones nunca son calles de una sola vía. Siempre tienen dos vías; y a veces se producen en grupos. Si usted quiere acabar con una discusión, cierre la boca. Generalmente, con esto se le acabará la cuerda a la otra persona. Si usted quiere que siga la discusión, responda a la queja o critique de una manera fuerte. Veamos los versículos 28 y 29 del mismo capítulo de los Proverbios:

El corazón del justo piensa para responder; [Señor, ¿cómo debo orar en esta situación? Usted lo descubrirá por medio de la oración.]
Mas la boca de los impíos derrama malas cosas.
Jehová está lejos de los impíos;
Pero él oyo la oración de los justos.

Si usted quiere sabiduría para saber cómo manejar cualquier problema, póngase de rodillas. Santiago 1:5 dice que si a usted le falta sabiduría, se la pida a Dios.

Antes que Nehemías dijera siquiera una palabra a los críticos, habló con Dios. Se negó a tomar represalias, aunque otros lo animaran a hacerlo.

Una de las situaciones más intrincadas en que puede meterse un pastor es la de tomar represalias personales. El será criticado por alguien a como dé lugar. Lo peor que puede hacer es pelear contra todos los críticos, uno por uno.

Cuando yo estaba sirviendo al Señor en una iglesia de Waltham, Massachusetts, Estados Unidos de América, había una iglesia en la misma zona que tenía una asombrosa historia. Uno de sus pastores heredó una terrible confusión cuando llegó a la iglesia. La asistencia era baja, y los que asistían se sentaban en las bancas de atrás. El primer domingo que estuvo este pastor en la iglesia, tomó el púlpito y literalmente lo llevó hacia abajo y lo colocó en el pasillo, cerca de las personas. ¡Se me dijo que domingo tras domingo tuvo que ir mudando el púlpito poco a poco hacia el frente del santuario, hasta que finalmente casi le toca treparse con el púlpito al coro! Ultimamente, el lugar se llenaba todos los domingos por la mañana. El predicaba la Palabra, andaba con Dios, y trabajaba fielmente a pesar de la oposición. Con el tiempo, Dios decidió llamarlo a él a una escuela, la cual ha ido constantemente hacia adelante bajo su dirección.

Después de él, llegó a la iglesia un hombre que tomaba represalias, un pelearín. Este hombre tenía varios títulos académicos; era un hombre brillante. Había viajado y era un experimentado líder del pueblo. Aparentemente poseía mucha más experiencia y capacidad mental que el pastor anterior. Como su predecesor, este pastor experimentó críticas y hostilidad por parte de ciertos miembros de la iglesia; y semana tras semana, por medio de una discusión pública y de acciones de represalia, sistemáticamente fue quedando vacía la iglesia. Ciertamente, él ganaba las discusiones, pero perdía la batalla. Los dos pastores fueron criticados, ¡pero qué diferencia en sus reacciones! El primer hombre peleó de rodillas; el otro peleó de pie.

Lo primerísimo que debe venir como resultado de la crítica es la oración. Este principio debe aplicarse en los negocios, en el hogar, en la escuela, y también en la iglesia. Nunca soy más significativamente usado por Dios que cuando estoy orando por los que me critican.

LA NECESIDAD DE SENTIDO COMUN

Nehemías se acercó a la oposición en dos formas. En primer lugar, él presentó sus reveses a Dios en oración; y en segundo lugar, *él permaneció en la tarea.* El persistió. Me encanta lo que Nehemías escribió en su capítulo 4, versículo 6:

Edificamos, pues, el muro . . .

Puedo oirlo: "Siga batiendo la mezcla y páseme otro ladrillo!"

Edificamos, pues, el muro, y toda la muralla fue terminada hasta la mitad de su altura, porque el pueblo tuvo ánimo para trabajar.

Los críticos desmoralizan. Los líderes animan. Cuando los críticos hablaban, los trabajadores los oían y se sentían desmoralizados. Pero cuando el hábil dirigente se movía y decía: "Veamos las cosas como Dios las ve; permanezcamos en el trabajo", los miembros de la cuadrilla volvían a su labor con los palustres y las carretillas, a pegar mezcla y piedras, a colocar puertas y goznes.

No hay nada que excite más a Satanás o a los críticos que el hecho de que este negativismo dé como resultado una lentitud en la marcha. Cuando es criticado, lo más fácil que puede hacer es rendirse.

Nehemías dijo: "Sigan en el trabajo. No se rindan. Sigan construyendo". Uno puede oir a los trabajadores día y noche, aplicando la mezcla, colocando las piedras en su debido sitio. La actividad productiva ha debido descorazonar a Sanbalat, Tobías y Gesem; pero no fue así. En efecto, el grupo de opositores creció. En realidad, los versículos 7 y 8 nos dicen que a Sanbalat y Tobías se unieron los amonitas y los asdoditas; ¡y hasta unos árabes formaron partido con ellos! Se intensificó la oposición.

. . . oyendo . . . que los muros de Jerusalén eran reparados, porque ya los portillos comenzaban a ser cerrados, se encolerizaron mucho; y conspiraron todos a una para venir a atacar a Jerusalén y hacerle daño.

Hay veces que la crítica no disminuye, sino que se *intensifica*. Los críticos no sólo aumentaron sus tropas, sino que también agregaron intensidad a la oposición. Planearon una conspiración e hicieron los arreglos para producir una perturbación.

¿Qué hizo Nehemías cuando se enfrentó con esta continua hostilidad? Como era su costumbre, intensificó la oración.

Entonces oramos a nuestro Dios, y por causa de ellos pusimos guarda contra ellos de día y de noche (4:9).

La intensificación de la oposición podría derribarlo, pero todavía faltaba mucho para hacerlo desmayar.

La intensificación de la oposición contra la voluntad de Dios exige una intensificación de la respuesta. Nehemías no sólo oyó lo que dijo la oposición, sino que también analizó los datos disponibles, oró y tomó una acción decisiva y práctica. Dijo: "Pongamos una guardia contra ellos". Eso era tener sentido común en la respuesta. Para persistir en el trabajo, tomó las armas.

Ocasionalmente tiene que prevalecer la persistencia del sentido común. ¿Teme usted que alguien va a meterse en su hogar? Ciertamente, usted debe confiar en Dios, pero no olvide cerrar las puertas. No ore simplemente. Es una necedad dejar las puertas sin seguro, cuando está orando para que su hogar no sea asaltado de noche.

¿Se quedó sin trabajo? ¡Ore! Pero salga también a buscar trabajo. Haga una solicitud de trabajo. Llene planillas. Haga contactos. Póngase en contacto con tantas oportunidades como le sea posible. El Señor no tiene ninguna dificultad en dar en el blanco que se mueve. En efecto, es más fácil timonear un vehículo que se mueve que uno que está inmóvil.

En el siguiente capítulo leeremos más acerca del sentido común de Nehemías; pero antes que lleguemos a eso, quiero que no perdamos tres verdades muy prácticas que podemos espigar del capítulo 4 de Nehemías.

1. *Es imposible dirigir a alguien sin que se enfrente la oposición.* El líder tiene que aprender a soportar el calor. Tendrá que enfrentarse a la oposición. Es un riesgo que corresponde a todo dirigente. Le lanzarán dardos.

2. *Es esencial hacer frente a la oposición en oración.* La primera respuesta a la oposición tiene que ser la oración. La oración es la disciplina cristiana más comúnmente pasada por alto en la vida cristiana entre los líderes.

3. *La oración no es lo único que se necesita cuando crece la oposición.* Esto se verificó en la vida de David. Él oró cuando Saúl lo estaba persiguiendo, ¡pero también corrió como un loco! Cuando la oposición se intensificó, él corrió más rápidamente. Cuando se puso peor, se escondió en sitios más oscuros.

En la mayoría de los casos, no vale la pena preocuparse uno por los críticos. Pero si el líder ha orado y, sin embargo, se halla enfrentado a una intensa oposición, debe emplear el sentido común.

Hace unos meses me desanimé a causa de una crítica. Mi optimismo se desgastó cuando una larga cadena de eventos me condujo hacia el abismo. Mi esposa, sabiendo que yo necesitaba ánimo, buscó algún medio de elevar mi espíritu. Ella halló una declaración escrita a mano por un hombre de estado a quien yo había admirado siempre. Formó con ella un diseño para montarlo en una placa de madera, y me la regaló. ¡Qué estímulo es esa placa! A menudo la leo cuando abunda la oposición y mis hombros comienzan a caer; cuando soy derribado y me siento como si me fuera a desmayar. La placa dice:

> No es el crítico el que vale; el que vale no es aquel que señala cómo tropieza el hombre fuerte, o cómo pudiera hacer mejor las obras el que las hace. El crédito corresponde al hombre que realmente está en la arena; cuya cara está empañada por el polvo y el sudor y la sangre; que se esfuerza valientemente; que yerra y falla una vez y otra, pues no hay esfuerzo sin error o falla; que realmente trata de hacer la obra; que conoce el gran entusiasmo, la gran devoción, y se consume en una causa de valor; que, en el peor de los casos, si falla, por lo menos falla mientras se está intentando algo grande.
>
> Mucho mejor es arrostrar cosas poderosas, ganar gloriosos triunfos, aun cuando uno está acorralado por el fracaso, que formar filas con aquellos pobres espíritus que ni se gozan ni sufren mucho, porque viven en un ocaso gris que no sabe nada ni de victorias ni de derrotas.[11]

Repito la declaración con la cual comencé este capítulo: Ningún líder está exento de la crítica. No espere usted estarlo. Pero cuando llegue, esté dispuesto a luchar contra el desánimo, que está dispuesto a seguir las pisadas de la crítica. ¡Cuente con eso!

seis

El desánimo:
Su causa y su cura

Hace varios años ocurrió algo cómico en Darlington, Maryland, Estados Unidos de América. La señora Edith, madre de ocho hijos, regresaba a su hogar procedente de la casa de una vecina un domingo por la tarde. Cuando entró en su casa, vio que cinco de sus hijos menores estaban apiñados, concentrados con intenso interés en alguna cosa. Cuando se acercó sigilosamente hacia ellos, tratando de descubrir cuál era el centro de atracción, no podía creer lo que veían sus ojos. Directamente en el centro del círculo había varios zorrillos de poca edad. Ella gritó a voz en cuello: "¡Niños, corran!" *¡Cada niño agarró un zorrillo y salió corriendo!*

Cuando leí por primera vez esta historia verdadera en la obra *How to Win Over Worry* (Cómo dominar la preocupación),[12] pensé en Nehemías. Como esa madre, él no tenía idea sobre lo complicada que pudiera volverse la vida. El se hizo cargo de un proyecto que según todas las apariencias parecía inocuo, inocente y más bien simple. Al fin y al cabo, ¿qué podría ser tan difícil en la construcción de un muro alrededor de una ciudad. Parecía que Nehemías podría tener ese muro terminado en sólo unas pocas semanas; luego regresaría a Persia para asumir el cargo que dejó al salir. ¡Pero no fue así!

¡El miró por encima de los hombros de aquellos trabajadores, y de repente le pareció que estaba frente a una sala llena de zorrillos! En efecto, cuanto más trataba de aliviar el problema, mayor se volvía. Primero hubo sarcasmos. Luego hubo una burla, la cual condujo a una abierta oposición y a la crítica, y finalmente, hubo conspiración. La conspiración era tan grande que pronto ocurrió lo inevitable: se introdujo el desánimo. No importaba lo que se esforzara, Nehemías era incapaz de resolver los problemas. Simplemente empeoraban; con el paso del tiempo aumentaban y se multiplicaban. Finalmente, cuando gritó: "Sigan construyendo", ¡cada uno agarró su zorrillo y salió corriendo!

Supongo que en alguna medida, todos nosotros hemos experimentado una situación como la que se le presentó a la señora Edith o al señor Nehemías. Mientras intentaban resolver el problema, se empeoró ahí mismo delante de sus ojos.

El problema que atormentó a Nehemías fue el desánimo. ¡Qué difícil curar esta enfermedad! No conozco nada que reduzca las velas de navegación tan rápidamente como el desaliento. Rara es la persona que puede resistirlo.

Recientemente leía una breve pero estimulante biografía de Tomás Edison, escrita por su hijo. ¡Qué carácter tan maravilloso! Gracias a su genio, hoy disfrutamos del micrófono, el fonógrafo, la lámpara incandescente, la batería de acumuladores, el cine sonoro y más de un centenar de otros inventos. Pero por encima de todo, fue un hombre que se negó a ser dominado por el desánimo. Su contagioso optimismo afectaba a todos los que lo rodeaban.

Su hijo recordaba una fría noche de diciembre de 1914. Ese fue un tiempo en el que todavía resultaba infructuosos los experimentos con la batería de acumuladores niquel-hierro-alcalina, a la cual su padre había dedicado casi diez años, y que en cuanto a economía, había colocado a Edison en la cuerda floja. La única razón por la cual estaba aún solvente era la utilidad proveniente de la producción de películas y discos.

Esa noche de diciembre resonó el grito "¡Fuego!" en toda la planta. Se había producido una combustión espontánea en el cuarto fílmico. En pocos minutos estuvieron en llamas todos los compuestos que tenía envasados, el celuloide que tenía guardado para discos y películas y otros artículos inflamables. Llegaron bomberos de ocho pueblos circundantes, pero el calor era tan intenso y la presión del agua tan baja, que el intento de extinguir las llamas fue nulo. Todo fue destruido.

Cuando el hijo no pudo hallar a su padre, se sintió preocupado. ¿Estaría a salvo? Ya que todas sus pertenencias se habían esfumado como en una exhalación, ¿estaría su espíritu quebrantado? Al fin y al cabo, Edison ya tenía 67 años de edad; no le quedaba edad para volver a comenzar. Luego, el joven Edison vio a la distancia a su padre, que estaba en el patio de la planta y corría hacia él.

"¿Dónde está tu mamá? —gritó el inventor—. ¡Vé, búscala, hijo! ¡Dile que se apresure y que traiga a sus amigos! ¡Nunca volverán a ver un incendio como éste!"

A la mañana siguiente, mucho tiempo antes de amanecer, cuando apenas se había logrado controlar el fuego, Edison llamó a sus empleados, los reunió, e hizo un anuncio increíble: "¡Vamos a reconstruir!"

A un hombre le dijo que tomara en alquiler todos los talleres mecánicos que hubiera en la zona. A otro le encomendó que consiguiera una grúa demoledora de la Compañía de Ferrocarriles Erie. Luego, casi como si fuera un pensamiento tardío, agregó: "De paso, ¿alguno de ustedes sabe dónde podemos conseguir algo de dinero?"

Posteriormente explicó: "Siempre podemos sacar un capital del desastre. Acabamos de limpiar un poco de desperdicios. Sobre las ruinas haremos una edificación mayor y mejor". Poco después bostezó, dobló su chaqueta para que le sirviera de almohada, se acostó sobre una mesa, e inmediatamente se quedó dormido.[13]

Como Edison, Nehemías se enfrentó a obstáculos insuperables, pero se negó a dejarse aniquilar por el desánimo.

LA FUENTE DEL DESANIMO

Antes de considerar las causas y las curas para esta enfermedad, notemos la fuente del problema de Nehemías: el pueblo de Judá (véase Nehemías 4:10). Por allá atrás, en los últimos capítulos de Génesis, descubrimos que Judá no era cualquier tribu en el pueblo de Israel. Judá fue el líder.

En Génesis 49 leemos que Jacob llamó a sus hijos para que se presentaran ante él, y les dio bendiciones, advertencias, predicciones y desánimos. Cuando llegó a Judá (véase el versículo 8), dijo: "Judá, te alabarán tus hermanos . . . Los hijos de tu padre se inclinarán a ti". Luego agregó: "No será quitado el cetro de Judá. Ni el legislador de entre sus pies, hasta que venga Siloh" (versículo 10). Imagínese que la palabra *Siloh* significa *Mesías*. "Judá, tú constituirás la tribu mesiánica. A través de tu tribu nacerá algún día el Salvador del mundo, el Mesías. El cetro no se apartará de ti. Y para El [es decir, para Siloh] será la obediencia de las naciones". Este pueblo de Judá debía ser respetado por cuanto era el pueblo escogido a través del cual nacería algún día el Señor Jesús.

Pero cuando llegamos al capítulo 4 de Nehemías, hallamos que es Judá el que dice palabras de desánimo a las cuadrillas. No sólo vienen estas palabras de Judá, sino que el versículo 12 nos habla de otra fuente de desánimo:

> Sucedió que cuando venían los judíos que habitaban entre ellos . . .

Estos judíos vivían cerca de los enemigos, los que dijeron en el versículo 11: "No sepan, ni vean, hasta que entremos en medio de ellos y los matemos, y hagamos cesar la obra". Ellos continuaron oyendo esas amenazas día tras día. En efecto, en el versículo 12 leemos que estos judíos llegaron y le advirtieron diez veces a Nehemías sobre el peligro de continuar. Era sólo asunto de tiempo, según decían ellos, para que los judíos fueran barridos de la tierra.

Es importante notar que la información desanimadora procedía del pueblo que vivía "cerca". *Uno no puede oir constantemente lo negativo, sin que algo de ello se le pegue.* Si usted es propenso al desánimo, no puede pasar mucho tiempo con la gente que anda dando información desalentadora.

El desaliento de Nehemías le vino en primer lugar de Judá, lo cual fue verdaderamente sorprendente; y luego le vino de los judíos que vivían cerca de los críticos, lo cual fue muy significativo.

CAUSAS DEL DESANIMO

Si examinamos cuidadosamente, descubriremos cuatro causas del desaliento de Nehemías.

1. Pérdida de fuerza. Leemos en el versículo 10:

Y dijo Judá: Las fuerzas de los acarreadores se han debilitado . . .

¿Ve usted la palabra "debilitado"? El texto original dice "Tambaleado", "vacilado", "bamboleado".

"Nehemías, estas personas han estado trabajando un largo tiempo, y se sienten cansadas".

¿Cuánto tiempo habían estado construyendo este muro? El versículo 6 nos dice que habían llegado hasta la mitad de la altura del muro:

. . . toda la muralla fue terminada hasta la mitad . . .

Lo novedoso se había acabado.

Permítaseme presentar esto en forma aun más práctica. ¿Ha comprado usted alguna vez un carro? ¿Recuerda cuando perdió lo novedoso? Probablemente cuando usted sólo había pagado la mitad de la cuenta.

Supongamos que usted ha emprendido el difícil proyecto de redecorar su hogar. ¿Cuál es el tiempo más desanimador? Por lo general, cuando usted se halla en la mitad del trabajo y la confusión ha aumentado más de lo que usted puede soportar.

Tal vez usted haya tratado de subir una montaña. Usted mira hacia arriba y dice: "Tal vez una hora, o una hora y media a lo sumo". Cinco horas después, cuando sólo está a mitad de camino, usted mira hacia abajo y dice: "¡Creo que el Señor nos está sugiriendo que regresemos!"

¡En la mitad del camino está el desánimo!

"Nos estamos cansando, Nehemías. La fuerza de éstos que han estado trabajando se ha debilitado". La pérdida de fuerza pone una fatiga emocional sobre nuestros cuerpos.

2. *Pérdida de visión.* ¿Se dio cuenta usted de lo que dijo Judá? ". . . y el escombro es mucho" (4:10). La conjunción "y" en este caso es significativa por cuanto conecta el pensamiento con la anterior declaración, con un sentido adversativo como "sin embargo". La fuerza de los acarreadores se había

gastado y comenzaba a fallar, *sin embargo*, a pesar de todo el trabajo, hay mucho escombro. La palabra hebrea que se tradujo por "escombro" significa "tierra seca", "restos".

"Miramos alrededor, Nehemías, y lo único que podemos ver es escombro: suciedad, piedras partidas, durezas, trozos de argamasa seca. Esto se está poniendo cansador. Hay demasiado escombro".

El escombro y el desánimo son hermanos siameses.

Una perfecta ilustración de esta visión miope la tenemos en la madre que ha cambiado lo que parece ser algo así como 50 ó 60 pañales en un día. Ella piensa en la situación y dice: "Hay demasiada suciedad, demasiada confusión, demasiados pañales, demasiado trabajo". ¿Qué es lo que ella ha perdido? Ha perdido la visión de ese niño que crece y el deleite de presentar a su hijo ante la sociedad. Ha perdido todo el sentido de satisfacción que hay en la maternidad, a causa de la abundancia de suciedad.

Algunos de los lectores ahora mismo se hallan realizando trabajos que son muy exigentes, y aun amenazantes. Tienen que trabajar con gente difícil. O tal vez les parecen interminables las tareas. Fácilmente puede usted perder la visión de la totalidad de su trabajo a causa de la confusión que le rodea.

3. *Pérdida de confianza.* Tal vez la causa más devastadora del desánimo sea la obvia pérdida de confianza. Los trabajadores de Nehemías se fatigaron y se desilusionaron. El muro está construido hasta la mitad. Por todas partes había escombros. Ellos expresaron sus sentimientos diciendo tristemente:

. . . no podemos edificar el muro (versículo 10).

Cuando uno pierde la fuerza y pierde la visión, entonces también pierde la confianza. Y cuando uno ha perdido la confianza, el desánimo les está guiñando a la vuelta de la esquina.

Estos judíos habían construido el muro hasta la mitad de su altura "porque el pueblo tuvo ánimo para trabajar". En hebreo se lee: ". . . el pueblo tuvo corazón para trabajar". Pero ahora *habían perdido el corazón.* Cuando uno pierde la confianza, se descorazona; pierde la motivación. Hay cierto número de cosas que puede causar eso, pero siempre está presente un sentimiento de vacuidad: aquel sentido abrumador y desanimador de que uno nunca va a alcanzar lo que se propone.

4. *Pérdida de seguridad.* La causa final del desánimo en el caso de estos judíos fue la pérdida del sentimiento de seguridad. En el versículo 11 leemos:

> Y nuestros enemigos dijeron: No sepan, ni vean, hasta que entremos en medio de ellos y los matemos, y hagamos cesar la obra.

¡Qué táctica tan aterradora!

El enemigo dijo: "Tenemos un plan. No le diremos a nadie cuál es el plan; ¡y en el momento menos pensado, daremos el *golpe*! Nos meteremos entre ellos y los acabaremos. Manejaremos la operación en forma tan rápida y completa que nadie sabrá siquiera que estuvimos allí".

Los trabajadores de repente se sumieron en el desánimo cuando perdieron la seguridad.

Hay muchos aspectos de la vida a los que nos aferramos por una seguridad tangible. Uno de esos aspectos es el relacionado con nuestro trabajo. Si toda su seguridad está relacionada con su trabajo, entonces lo único que se necesita es que usted pierda su trabajo para que el desánimo se apodere de usted.

Otra manera familiar de seguridad está constituida por los amigos íntimos y las circunstancias familiares. Una mudanza hacia otra parte del país amenaza esos aspectos. Supongamos, por ejemplo, que su marido llega a casa mañana por la tarde y dice: "Mi amor, la compañía quiere que nos mudemos a un pueblo remoto que queda en un estado remoto: Bangor, Maine".

De inmediato usted pregunta: "¿Bangor, Maine? ¿Qué animal raro es ese?"

Todo lo que usted conoce y ama es lo que la circunda en la localidad donde vive actualmente. Usted nunca ha vivido fuera de su patio de seguridad. Todo su estilo de vida está determinado por su largo tiempo de residencia en ese lugar. Ahora, sus raíces se están aflojando. Todas las cosas tangibles a las cuales ha estado usted aferrada en aras de su seguridad están siendo amenazadas. En un instante puede venir el desánimo. ¡Se ha destrozado su sentimiento de seguridad!

Usted pudiera pensar que el desánimo es sólo para los que no andan con Dios. Eso no es verdad. Algunos líderes cristianos admiten que a veces ocasiones de desánimo han servido como señales de Dios para anunciarles una dirección y un plan completamente nuevos. Aunque parezca extraño, el desánimo producido por la remoción de nuestras seguridades tangibles, se sabe que ha servido para producir increíbles hazañas.

Eso lo admitió Carlos Spurgeon, uno de los más grandes voceros de Cristo que el mundo de habla inglesa haya oído jamás. El lo admite en las siguientes palabras:

> Antes de cualquier gran hazaña es muy útil cierta medida de depresión . . . Tal fue mi experiencia cuando llegué a ser pastor por primera vez en Londres. Mi éxito me asombraba, y el pensar en la carrera que se me abría delante de mí, en vez de exaltarme, me lanzaba a la más baja profundidad, desde la cual pronunciaba mi *miserere* y no hallaba lugar para un *gloria in excelsis*. ¿Quién era yo para que continuara dirigiendo tan gran multitud? Yo me trasladaba a la oscuridad de mi aldea, o emigraba a los Estados Unidos de América y me buscaba un nido solitario en alguna región remota, donde yo fuera suficiente para las cosas que se me exigían. Y eso fue precisamente cuando la cortina del trabajo de toda mi vida se estaba levantando . . . Esta depresión me vuelve cada vez que el Señor está preparando una bendición mayor para mi ministerio.[14]

¿Alguna vez ha querido usted huir? ¡Qué deseo el que tenemos de escapar, de zafarnos de las exigencias de la vida! Pero luego de soportar el desaliento pudiéramos ser guiados hacia una oportunidad que nos ofrezca increíble satisfacción.

Tal vez usted se halle de pie ante la puerta de la oportunidad o del cambio. Usted ha perdido su fuerza, su confianza, su visión y su seguridad. En lo profundo de su ser interno hay aquel sentimiento que dice: "No vale la pena". ¡Pero un momento! Usted pudiera estar al borde de los años mejores de toda su vida.

¿COMO PODEMOS TRATAR EL DESANIMO?

¡La construcción de aquel muro de Jerusalén ciertamente se estaba volviendo una hazaña nada fácil! El desánimo era galopante. Satanás tuvo que haber tenido un día de campo. Pero

Nehemías no pasó por alto el desánimo. (Uno no puede pasar por alto el desánimo. Eso sería como pasar por alto el hecho de que un neumático se ha desinflado. Aunque usted ore cuando quiera; aunque conduzca lo que quiera; nunca logrará que el aire vuelva al neumático. Usted tiene que arreglarlo. Eso mismo sucede con el desaliento.)

Nehemías, como buen líder, se preparó y se enfrentó al desánimo. Encuentro cinco técnicas que él empleó y que le fueron eficaces, y que aún hoy son eficaces.

1. *Unificar los esfuerzos hacia una meta.* Lo primero que hizo Nehemías fue unificar al pueblo en torno a una misma meta.

> Entonces por las partes bajas del lugar, detrás del muro, y en los sitios abiertos, puse al pueblo por familias, con sus espadas, con sus lanzas y con sus arcos (Nehemías 4:13).

Ahora bien, esto es significativo. Los constructures habían estado esparcidos por toda Jerusalén, trabajando juntos con piedras, agua y argamaza; y sin embargo, habían estado *separados de sus familias*. Nehemías los unificó según las familias y a cada uno dio una meta común: la preservación. El les quitó la atención hacia sí mismos e hizo que pusieran en el enemigo; que la quitaran del desánimo y la autoconmiseración y la pusieran en la meta de la autopreservación. El "apretó las filas" y, por tanto, estimuló a los abatidos de corazón.

El hogar debe ser una fuente básica de estímulo. La fuerza de trabajo de Nehemías estaba desanimada. El dijo: "Vamos, unámonos por familias. Ustedes colóquense ahí; usted y su familia quedan colocados allí . . ." Nehemías los colocó en unidades.

Notemos lo que sucedió en el proceso de unir a su pueblo: Nehemías *detuvo la obra.* Algunas veces lo mejor que podemos hacer cuando estamos desanimados es tomarnos algún tiempo. Hay una antigua máxima griega que dice: "Si mantienes siempre el arco tenso, lo romperás". ¿Está muy tenso su arco? ¿Cuándo fue la última vez que lo aflojó usted y se escapó por un par de días?

Supongo que todos nos ponemos rígidos y tensos en nuestro trabajo; pero los que están ebrios por el trabajo no son los mejores líderes. Repito: ¡Tómese su tiempo de vez en cuando!

Nehemías detuvo la obra y dijo: "Unámonos como familias". Eso hará mucho para detener el desánimo.

2. *Dirigir la atención hacia el Señor.* Luego, él dirigió la atención de ellos hacia el Señor (versículo 14). Ellos tenían la vista puesta en los escombros. Necesitaban mirar hacia el Señor.

> Después miré, y me levanté y dije a los nobles y a los oficiales, y al resto del pueblo: No temáis delante de ellos; acordaos del Señor, grande y temible . . .

Mire usted eso. El se encargó de todo. ¡Esa es una tarea básica del dirigente! La frase "acordaos del Señor" está muy bien; ¿pero cómo puede usted hacer eso? Puede comenzar *recordando las cosas que el Señor ha dicho.* Realmente usted pone en su mente algunas de las declaraciones de Dios. Por ejemplo:

> Tú guardarás en completa paz a aquel cuyo pensamiento en ti persevera; porque en ti ha confiado. Confiad en Jehová perpetuamente . . . (Isaías 26:3, 4).

O el siguiente pasaje:

> Por nada estéis afanosos, sino sean conocidas vuestras peticiones delante de Dios en toda oración y ruego, con acción de gracias. Y la paz de Dios, que sobrepasa todo entendimiento, guardará vuestros corazones y vuestros pensamientos en Cristo Jesús (Filipenses 4:6, 7).

Uno se acuerda del Señor al recordar lo que El dijo. Recuerde usted ahora mismo unas cinco o seis buenas y sólidas promesas que pudiera reclamar. Cuando el diablo ataca, ¿está usted listo con las palabras vivientes que contraatacan, con la espada del Espíritu, que es la Palabra de Dios? El cristiano tiene que saber lo que Dios ha dicho.

Uno puede recordar al Señor *recordando lo que El es.* ¿Cuándo reflexionó usted por última vez en la grandeza de Dios? Tal vez eso pasó mientras estaba acostado de espaldas mirando hacia las estrellas. ¿Alguna vez se sube usted a su carro y lo conduce hacia algún sitio apartado simplemente para pasar un tiempo de tranquilidad a solas con Dios? Eso ayuda a menudo a aclarar la niebla, y capacita a la mente para asirse de nuevo a Dios. Igualmente esenciales son aquellas ocasiones en que los cristianos participan juntamente en la celebración de la Cena del Señor. La Cena del Señor es el tiempo en que el Señor se manifiesta y nos habla, para revelarnos de nuevo la maravilla de su Persona.

Nehemías dijo a su pueblo: "Ustedes han puesto los ojos en los escombros, en la basura, en su propio proyecto individual. Pónganlos en el Señor". Las personas que están desanimadas están pensando principalmente en una cosa: *en ellos mismos.* Aquellos judíos no constituían ninguna excepción.

Así que Nehemías los unificó en torno a la misma meta. Eso significa que él tuvo que detener el proceso del trabajo y dejarlos tranquilos. Luego dirigió la atención de ellos hacia el Señor.

3. *Mantener un equilibrio entre los pensamientos y las acciones.*

¿Qué fue lo que hizo Nehemías a continuación en su intento por frustrar el desánimo? El estimuló a los judíos para que mantuvieran un equilibrio. Los llamó a la acción. "Ahora, ustedes tienen que pelear", les ordenó. "Hay una tarea que tiene que hacerse. ¡Saquen las espadas!" El versículo 14 termina del siguiente modo:

> . . . pelead por vuestros hermanos, por vuestros hijos y por vuestras hijas, por vuestras mujeres y por vuestras casas.

Veamos los versículos 15, 16:

> Y cuando oyeron nuestros enemigos que lo habíamos entendido, y que Dios había desbaratado el consejo de ellos, nos volvimos todos al muro, cada uno a su tarea. Desde aquel día la mitad de mis siervos trabajaba en la obra, y la otra mitad tenía lanzas, escudos, arcos y corazas; y detrás de ellos estaban los jefes de toda la casa de Judá.

El versículo 17 agrega:

> Los que edificaban en el muro, los que acarreaban, y los que cargaban, con una mano trabajaban en la obra, y en la otra tenían la espada.

Ese, mi estimado amigo, es un hecho básico de la vida cristiana. Me siento hastiado de los cristianos que no hacen otra cosa que pelear; pero me preocupa por igual el cristiano que dice que nunca hay razón para pelear. De todo corazón estoy de acuerdo con una filosofía equilibrada de la vida que estimule tanto la construcción como la batalla.

Los que hablamos inglés tenemos una Biblia en nuestras manos que en gran parte se la debemos a un hombre llamado Juan Wycliffe. El no sólo fue conocido como un constructor que produjo el primer texto de la Biblia en inglés, sino también como un luchador. ¡Qué líder! Cuando él murió, sus enemigos quemaron su cuerpo en la hoguera, y luego tomaron sus cenizas y las rociaron sobre el río Támesis en Londres. "¡Nos deshicimos de Wycliffe para siempre!" tuvieron que haber pensado sus enemigos. Pero estaban equivocados. El producto de su trabajo, la Biblia en inglés, está con nosotros hoy, por cuanto él hizo algo más que pelear. El permaneció en su trabajo.

Recordemos a Juan Bunyan: otro luchador y constructor. Lo metieron a la cárcel tres veces, pensando que así lo harían callar. Pero en vez de callarse, él escribió la gran obra *El progreso del peregrino,* el libro que ocupa el segundo lugar entre los cristianos hoy. Como usted ve, él podía hacer algo más que pelear. Al hacer una gigantesca inversión personal, las verdades de *EL progreso del peregrino* fueron expuestas para beneficio de millones de personas en las generaciones subsiguientes. ¡Qué equilibrio tan bello!

Guárdese usted de aquella enseñanza sutil que sugiere que Dios hace todo, y usted se queda quieto sin hacer nada. La Biblia nos exhorta continuamente a estar firmes, a contender por la fe, a ser fuertes en la pelea y a ser buenos soldados. Pero tenemos que establecer el equilibrio entre la fe y la acción.

4. *Determinar un sitio de reunión.*

La cuarta cosa que hizo Nehemías fue proveer un sitio para reunión. Permítaseme aclarar lo que quiero decir. Nehemías escribió en el versículo 19:

> Y dije a los nobles, y a los oficiales y al resto del pueblo: La obra es grande y extensa, y nosotros estamos apartados en el muro, lejos unos de los otros.

En el versículo 20 leemos acerca del punto de reunión:

En el lugar donde oyereis el sonido de la trompeta, reuníos allí con nosotros; nuestro Dios peleará por nosotros.

¿Cuál era el punto de reunión? Ante todo, era un *lugar*, pero también se nos sugiere un *principio*. El lugar era aquel en que se oyera el sonido de la trompeta. Nehemías ordenó: "Cuando oigáis el sonido de la trompeta, salid corriendo hacia el sitio donde está el que la toca". El principio era éste: No traten de pelear solos.

Este principio aún tiene validez. Tenemos que tener un punto de reunión. Necesitamos un amigo íntimo, alguien que pueda unirse a nosotros cuando se presente el ataque. No trate usted de pelear solo. Ninguno de nosotros debe decir: "Yo no necesito a nadie más". Esa es una teología pobre y comunica una idea deformada del cristianismo. La respuesta del saludable hijo de Dios debe ser la siguiente: "No es posible que yo lo haga solo. Pero, Oh Dios, si tú me das tu fortaleza por medio del Espíritu Santo, y me unes con otro hermano o con otra hermana de la familia, que puede estimularme y a quien yo pueda estimular, estaré reunido en torno a ti hasta el último día de la prueba".

¿Hay algún pasaje bíblico que apoye la necesidad de tener un punto de reunión? ¡En realidad, lo hay! Cuando Jezabel buscaba a Elías, él corrió y se metió bajo un árbol en el desierto, y dijo: "Señor, quítame la vida. No vale la pena vivir. Estoy solo". ¿Qué hizo Dios? Le llevó alimento, y Elías fue nutrido y sostenido por ese alimento durante 40 días y 40 noches.

Luego se nos dice que Dios le dijo: "Elías, levántate. Tú no estás solo". Y le dio un compañero llamado Eliseo. El último versículo de 1 Reyes 19 nos dice que Eliseo le servía a Elías. La parte bella de esta historia es el hecho de que este acontecimiento señaló el momento en que Elías realmente comenzó su marcha. Había hallado un punto de reunión. Dios le había dado un compañero con el cual podía contar (eso es sumamente importante), al cual podía descubrir su alma, con el cual podía compartir sus heridas y aliviar su soledad.

Cuando David se halló bajo la persecución celosa de Saúl, Dios le dio a David un amigo. Jonatán y David se amaron mutuamente a causa de un maravilloso vínculo: sus almas estaban atadas como si fueran una. Por causa de ese amigo, el desánimo raras veces debilitó la armadura de David.

¿Cuenta usted con alguna persona como esa? Si no, busque la manera de cultivar una. Busque un amigo, exprésele a Dios ese anhelo, ore para conseguirlo. No se rinda hasta que pueda unir su alma con otro que tenga un espíritu afín, que se preocupe por su alma y por sus necesidades. Usted necesita a una persona que le sirva como punto de reunión. Nehemías dijo: "Cuando ustedes oigan el grito de batalla, acudan al lugar donde está la trompeta". Allí es donde está la fortaleza.

5. *Desarrollar un ministerio de servicio a otros.*

El paso quinto y final que Nehemías dio para disipar todas las señales de desánimo entre su pueblo fue el de ocuparlos en un ministerio de servir a otros. Los versículos 21 y 22 nos dicen que ellos continuaron la obra.

> Nosotros, pues, trabajábamos en la obra; y la mitad de ellos tenían lanzas desde la subida del alba hasta que salían las estrellas. También dije entonces al pueblo: Cada uno con su criado permanezca dentro de Jerusalén, y de noche sirvan de centinela y de día en la obra.

En esencia, lo que Nehemías dijo fue lo siguiente: "Miren, necesitamos ayuda. Les pido que se sirvan y ayuden el uno al otro. No podemos manejar esto solos". En los tirantes días que siguieron, según el versículo 23, ¡ni siquiera tuvieron tiempo para cambiarse la ropa! Mientras se bañaban, permanecían en la obra. Se ayudaban el uno al otro en el servicio y en el compromiso.

¿Usted quiere saber cómo puede sentirse miserable? Sea como el fallecido Howard Hughes. Viva por sí solo. Use tan a menudo como le sea posible las palabras *yo, mi* y *mío.* Derrame todo su amor hacia adentro. Piense sólo en sus propias necesidades, en sus deseos, en lo que usted quiere, en lo que le place. Niéguese a amar y a ser amado.

C.S. Lewis dijo lo mismo de un modo mejor:

> Amar en alguna forma es ser vulnerable. Ame a alguna cosa, y su corazón ciertamente será torturado y posiblemente sea quebrantado. Si usted quiere estar seguro de mantener el corazón intacto, no debe darlo a nadie, ni siquiera a un animal. Envuél-

valo cuidadosamente con pasatiempos favoritos y pequeños lujos; evite todos los enredos; enciérrelo con seguridad en el estuche o ataúd de su egoísmo. Pero en ese ataúd, seguro, oscuro, inmovil, sin aire, cambiará. No será quebrantado; se volverá inquebrantable, impenetrable, irredento . . . El único lugar fuera del cielo donde usted puede estar perfectamente seguro de todos los peligros . . . del amor es el infierno.[15]

¿Está usted comprometido en las vidas de otros? Esta semana, ¿cuánto tiempo pasará sirviendo a otros? ¿O se preocupa sólo por sí mismo? Todos debemos detenernos a contemplar cuan cortas son nuestras vidas, fijándonos si hemos invertido algo de nuestras vidas en las vidas de otros. ¿Quiere saber cómo no sentirse inútil cuando esté jubilado? Permanezca en contacto con las necesidades de otros. Recientemente murió una anciana miembro de ·nuestra congregación. Una de las jóvenes de nuestra oficina me dijo: "Lo que angustia es que esa clase de persona está desapareciendo".

Esta dulce señora había perdido a su marido en 1946, y desde entonces había sido una de las damas más ocupadas que yo haya conocido. Su ayuda voluntaria fue invalorable para nuestra iglesia y para la comunidad. Aun en el ocaso de su vida, uno podía encontrarla trabajando como obrera voluntaria para la sociedad contra el cáncer, trabajando como auxiliar de las demás, haciendo obra cívica, ayudando en el hospital local. La lista pudiera continuar indefinidamente. Ella estaba comprometida en las vidas de otros. Ella nunca envejeció. ¡Nunca la vi desanimada!

En los Estados Unidos de América, por ejemplo, el hecho de que una persona queda jubilada significa: "No me moleste. No tengo tiempo para los demás". Sugiero una alternativa. Piense en el ministerio de exaltación que Dios pudiera darle cuando lo libre (por medio de la jubilación) del mundo del trabajo diario, y lo use como siervo suyo.

Nehemías dijo: "No nos sentemos a lamer nuestras propias heridas. Necesitamos ayudarnos los unos a los otros. Metámonos en el asunto de preocuparnos por los demás. Sirvamos. Ministremos.

¿No es ese el lado difícil del cristianismo? ¿No tengo que abandonar mis derechos y negarme a mí mismo?

El desánimo en realidad es una enfermedad interna. Comienza con los gérmenes de la duda de uno mismo. Por medio del temor y de las exageraciones negativas, comienzan a crecer los gérmenes y se multiplican. Pronto perdemos nuestro camino, nos debilitamos, salimos corriendo y nos escondemos. En la medida en que continúa, virtualmente llegamos a ser inútiles y completamente derrotados. Nos volvemos presa fácil del enemigo de nuestras almas, el cual se hace cargo de nosotros y anula nuestros esfuerzos. Eso puede ocurrir casi de la noche a la mañana.

Eche usted un repaso a estas cinco técnicas. Nehemías las usó para combatir el desánimo en el campamento de la antigua Jerusalén. Sus métodos nunca estarán fuera de moda.

Puede ser difícil manejar el desánimo, pero ciertamente no es imposible. Recuerde, no es una enfermedad mortal.

siete

El amor, los préstamos ...y la falta de dinero

Manejar el dinero con prudencia es una tarea básica del líder. Son muy pocos los proyectos que se realizan sin gasto de dinero. Y cuando el dinero en efectivo comienza a fluir, tienen que prevalecer la sabiduría, la honestidad, el dominio propio, y la planificación inteligente y realista.

Aun Jesús se refirió a la importancia de la planificación económica:

> Porque ¿quién de vosotros, queriendo edificar una torre, no se sienta primero y calcula los gastos, a ver si tiene lo que necesita para acabarla? No sea que después que haya puesto el cimiento, y no pueda acabarla, todos los que lo vean comiencen a hacer burla de él, diciendo: Este hombre comenzó a edificar, y no pudo acabar (Lucas 14:28-30).

Nuestro Señor no consideró el manejo cuidadoso del dinero como un lujo opcional. Es un ingrediente esencial en las vidas de los que dirigen.

Puesto que el libro de Nehemías ilustra casi todos los principales aspectos del liderato, no debe sorprendernos el hecho de que Nehemías se enfrente al asunto del dinero. Leemos sobre esto en el quinto capítulo de su libro, y parece tan típico que uno pensaría que está viviendo en el mundo del siglo 20.

Se produjo una huelga entre los trabajadores que habían estado construyendo el muro de Jerusalén. Probablemente ellos no formaron piquetes que custodiaran el sitio de trabajo, exhibieran pancartas y bloquearan el tránsito, pero sí pararon el trabajo, y comenzaron a expresar de mala manera sus condiciones.

> Entonces hubo gran clamor del pueblo y de sus mujeres contra sus hermanos judíos (5:1).

"¡Estamos en huelga! —hubieran podido decir—. Eso no es justo. ¡Nosotros también tenemos nuestros derechos!" Temporalmente hicieron un alto en la construcción para vociferar sus agravios.

Nehemías, como buen líder, mientras oía sus quejas, se apoderó de la situación:

1. Algunos tenían familias grandes y no tenían suficiente para comer (véase el versículo 2).

2. Otros tenían propiedades, sin embargo, habían tenido que hipotecarlas para soportar el problema de la espiral inflacionaria (versículo 3).

3. Otros se habían metido en pesadas deudas, y no podían pagar lo que debían (véanse los versículos 4, 5).

Era una situación miserable dominada por el pánico. ¿Cómo pudo haber sucedido eso?

RAZONES POR LA FALTA DE DINERO

Si hacemos un examen cuidadoso, descubrimos tres razones, en los mismos versículos, por las cuales se produjeron las quejas:

1. Hubo un *hambre*. En el versículo 3 leemos:

> Hemos empeñado nuestras tierras, nuestras viñas y nuestras casas, para comprar grano, a causa del hambre.

¿Por qué se presentó este problema? La ciudad no estaba arreglada ni preparada para hacer frente a las demandas de las personas que de repente fluyeron hacia la ciudad para construir el muro. La limitada cosecha existente no los podía sostener. A la creciente demanda de alimento hay que agregar el hecho de que en toda la zona se estaba experimentando un hambre, aparentemente causada por una sequía.

2. Artajerjes había establecido *muchos impuestos.* Leemos en el versículo 4:

> Hemos tomado prestado dinero para el tributo del rey, sobre nuestras tierras y viñas.

Como usted ve, Artajerjes controlaba el mundo conocido de ese tiempo. Tenían que pagar los impuestos todos los que vivían en el reino, y aunque estos trabajadores vivían a 1300 kilómetros de Persia, no estaban exentos. También es posible que los cobradores de impuestos explotaban a los contribuyentes, cobrándoles más de lo que debían pagar.

3. *El porcentaje de interés era elevado e inapropiado.* Esto hizo que ellos vendieran a sus hijos y se vendieran ellos mismos a servidumbre. Leamos el versículo 5:

> Ahora bien, nuestra carne es como la carne de nuestros hermanos, nuestros hijos como sus hijos; y he aquí que nosotros dimos nuestros hijos y nuestras hijas a servidumbre, y algunas de nuestras hijas lo están ya, y no tenemos posibilidad de rescatarlas, porque nuestras tierras y nuestras viñas son de otros.

Sus acreedores estaban tomando la tierra de ellos como pago, y cuando ellos se quedaron sin tierra, los acreedores tomaron a sus hijos como esclavos. Así fue cómo la obra del muro llegó a detenerse.

¿Está la Biblia pasada de moda? ¿Parece un libro que no tuviera importancia? Habla de sobrepoblación, de hambre y de altos impuestos. Los porcentajes de interés que tenían que pagar eran más elevados que nunca, y no había alivio a la vista. Había desigualdades y huelgas. Leer los versículos 1 al 5 es como leer el principal periódico de hoy.

Veamos la reacción del líder en el versículo 6:

> Y me enojé en gran manera cuando oí su clamor y estas palabras.

Nehemías los oyó que se afligían y se quejaban. Cuando él vio que ellos habían parado el trabajo al cual habían sido llamados, ¡se enfureció!

CUANDO TODO LO DEMAS FALLA,
LEA LAS INSTRUCCIONES

¿Por qué se disgustó Nehemías al oir el clamor de ellos? ¿No debe ser compasivo el líder cuando el pueblo se queja? Algunas veces sí, pero no siempre. Algunas veces la mejor respuesta es una ira justificada.

Nehemías estaba disgustado porque el pueblo había olvidado la ley de Moisés. Hoy vivimos en la era de la gracia y, por tanto, miramos despectivamente (por desgracia) la ley. No debiéramos hacer eso. Ella preservó al pueblo de Israel al decirles cómo debían vivir los unos con los otros. Las tribus de Dios debían vivir de un modo distinto al de los demás, a causa de las instrucciones personales que El les dio. Sus leyes proveían al pueblo judío de instrucciones para una vida justa y santa como familia. Pero los escogidos tenían problemas en el tiempo de Nehemías por cuanto habían fallado en la observación de las instrucciones.

Los cristianos del siglo 20 también haríamos bien en poner atención a los principios de Dios. Notemos las instrucciones que se hallan en Exodo 22:25:

> Cuando prestares dinero a uno de mi pueblo, al pobre que está contigo, no te portarás con él como logrero, ni le impondrás usura.

Notemos que Dios dice que esto se relaciona con "mi pueblo", los judíos. Lo que Dios dice es lo siguiente: "Si hallas a alguno en una pobre situación económica, no actúes como un acreedor. Cuando prestes, presta *sin* interés".

Ahora, echemos una mirada a Deuteronomio 23, versículos 19 y 20:

> No exigirás de tu hermano interés de dinero, ni interés de comestibles, ni de cosa alguna de que se suele exigir interés. Del extraño podrás exigir interés, mas de tu hermano no lo exigirás . . .

¿Por qué da Dios esas explícitas instrucciones a los posibles acreedores? El versículo 20 continúa diciendo:

> . . . para que te bendiga Jehová tu Dios en toda obra de tus manos en la tierra donde vas para tomar posesión de ella.

Dios estaba diciendo que El quería que su pueblo, los judíos, fueran únicos. En efecto, lo que El estaba diciendo era lo siguiente: "Te bendeciré, y no tendrás que cobrar intereses a tus propios hermanos. Mantendrás una distinción que hará que el extranjero se mesa la barba y diga: '¿Cómo es posible que esa nación continúe?' Y tú podrás contestar: 'El Señor nuestro Dios provee para nuestras necesidades sin que cobremos interés entre nosotros mismos'. Eso hará que vosotros seáis distintos. Luego el Señor vuestro Dios os bendecirá en todo lo que emprendáis".

Entre Exodo y Deuteronomio está un pasaje en Levítico 25, que también pudo haber estado en la mente de Nehemías:

> Y cuando tu hermano [un compañero judío] empobreciere y se acogiere a ti, tú lo ampararás; como forastero y extranjero vivirá contigo. No tomarás de él usura ni ganancia, sino tendrás temor de tu Dios, y tu hermano vivirá contigo. No le darás tu dinero a usura, ni tus víveres a ganancia. [No le dé a su vecino un almud de grano esperando recibir uno y medio de vuelta. Déle un almud por un almud.] Yo Jehová vuestro Dios, que os saqué de la tierra de Egipto, para daros la tierra de Canaán, para ser vuestro Dios. Y cuando tu hermano empobreciere, estando contigo, y se vendiere a ti, no le harás servir como esclavo. Como criado, como extranjero estará contigo; hasta el año del jubileo te servirá (versículos 35-40).

Ningún judío podía jamás esclavizar a otro judío. Tal acción era evidencia de la ausencia de amor y preocupación por su hermano. Su amor familiar debe superar al amor al dinero. Las instrucciones de Dios (que ellos desobedecieron terriblemente) hubieran protegido y preservado a los judíos del tiempo de Nehemías durante este período de tensión. Pero por el hecho de que escogieron su propio método para resolver el problema, se hundieron en la arena movediza de un creciente compromiso.

Ahora sabemos, por la reacción de Nehemías hacia las quejas del pueblo, que él conocía los siguientes cuatro principios que se hallan en la ley:

1. No está mal prestar dinero y cobrar interés a uno que no sea judío.

2. No está mal prestar dinero a un judío.

3. *Está mal* exigir interés por un préstamo a un judío.

4. *Está mal* esclavizar a un hermano judío.

Nehemías se disgustó porque el pueblo, a sabiendas, había pasado por alto y desobedecido la Palabra de Dios. ¡Era una buena razón para el disgusto! La justa indignación es apropiada. Cuando se viola la justa norma de Dios, algo anda mal si no nos sentimos tranquilos. Es difícil mantener un espíritu tranquilo cuando uno ve que los individuos hacen mal uso de la lengua, viven vidas inmorales, o pasan por alto el consejo directo del Libro de los libros.

LA SOLUCION AL PROBLEMA

Ahora, examinemos el siguiente versículo. A mí me encanta.

Entonces lo medité . . . (versículo 7).

¿No le agrada a usted que eso esté allí? Sí, él se disgustó, pero pensó antes de hablar. En esos momentos de meditación, Dios pudo hablarle a Nehemías acerca de lo que debía decir luego. El dominio de sí mismo es una virtud de la cual el líder no puede darse el lujo de deshacerse.

Cuando Nehemías se hallaba muy disgustado hallaba un modo de tranquilizarse. El meditó, es decir, consultó consigo mismo, y oyó la voz de Dios. La palabra hebrea que se tradujo por *meditar* en este caso, significa "darse uno mismo un consejo", "aconsejarse". Eso es lo mejor que se puede hacer cuando uno está disgustado. Necesita tener un lugar tranquilo donde puede colocar todas las emociones de su alma delante de Dios..Donde nadie oiga, sino Dios. Se produce una maravillosa terapia cuando uno comparte con Dios la herida y la ira cuando uno "consulta consigo mismo" antes de enfrentarse a la situación que lo espera.

Ahora, estamos listos para examinar la solución al problema de Nehemías:

Entonces lo medité, y reprendí a los nobles y a los oficiales . . .

¿Por qué habló él al grupo gobernante? Ellos eran los hombres que tenían el dinero, los que estaban exigiendo intereses de aquellos que no lo tenían. Eran los responsables de la opresión de los trabajadores.

Me agrada el hecho de que Nehemías no impusiera una pena a todos. El se dirigió a la principal fuente del problema, a los hombres que tenían las carteras abultadas. El los colocó en línea delante de sí y los confrontó con el hecho de las violaciones.

Nehemías hizo tres acusaciones. Señalemos con cuidado cada una de ellas:

1. Ustedes están cobrando intereses a sus hermanos judíos. Eso no está bien (véase el versículo 7).

2. Ustedes están reforzando la esclavitud permanente de los judíos. Eso no está bien (véase el versículo 8).

3. Ustedes están perdiendo su distinción ante los ojos de las naciones circundantes. ¡Eso es trágico!

> No es bueno lo que hacéis. ¿No andaréis en el temor de nuestro Dios, para no ser oprobio de las naciones enemigas nuestras? (versículo 9).

"Hombres, ustedes están haciendo aquí un gran capital —fue lo que Nehemías vino a decir—, y esos tipos, los gentiles, que viven al otro lado del camino, los están mirando y diciendo: 'Ellos son como cualquier otro; no hay ninguna diferencia; en efecto, todo ese proyecto es una broma' ". Nada hubiera podido alegrar más a Sanbalat y a su grupo que el hecho de ver que la obra se había detenido a causa de las luchas internas.

¿Sabe usted quién es el que aplaude más fuerte cuando las iglesias se dividen? Los que no han recibido a Cristo como Salvador y Señor. Ellos dicen: "¡Ah, yo sabía que eso sucedería! Yo sabía que si esos llamados cristianos tuvieran ocasión, se cortarían el cuello".

Luego de que Nehemías reprendió al grupo gobernante, notemos la bella respuesta de ellos:

> . . . Y callaron, pues no tuvieron qué responder (versículo 8).

Esa es la mejor respuesta cuando uno está bajo una profunda convicción.

Un buen dirigente, sin embargo, no se queda en la reprensión. Nehemías tomó medidas para corregir el problema. Son las mismas medidas que se pueden tomar hoy para hacer frente al pecado en nuestras vidas.

1. *Tomar la determinación de detener el asunto.* Veamos el versículo 10:

> . . . quitémosles ahora este gravamen [el interés].

Hay personas que ocasionalmente me preguntan qué deben hacer cuando se sienten convencidas de pecado. La respuesta es simple: ¡Haga planes para detenerlo! Decida voluntariamente abandonar el mal, ahora mismo. Usted no puede dejar de pecar en forma gradual.

2. *Hacer planes específicos para corregir la situación tan pronto como sea posible.* Nehemías enfrentó a los banqueros:

> Os ruego que les devolváis hoy sus tierras, sus viñas, sus olivares y sus casas, y la centésima parte del dinero, del grano, del vino y del aceite, que demandáis de ellos como interés (versículo 11).

Cuando nos muestra Dios algún pecado en particular del cual somos culpables, no nos dice que nos tomemos nuestro tiempo para hacerle frente. No. El dice: "¡Enfréntese a él AHORA MISMO!" Cuando comprendemos que estamos haciendo el mal, el tiempo de dejar de hacerlo es ahora mismo. El hecho de hacer planes a largo plazo para corregir el problema permite que las arenas del tiempo limen los bordes ásperos de lo que Dios reprueba en nuestras vidas. Al fin terminamos tolerando el pecado y tal vez protegiéndolo. Tal laxitud preocupa grandemente al Señor. Un pronto y completo juicio de lo malo que haya en nuestras vidas es esencial. Como ocurre en la economía, lo mejor es mantener todas las cuentas al día.

3. *Declarar los planes de corrección prometiéndolo delante de Dios.* Leemos en el versículo 12:

> Entonces convoqué a los sacerdotes, y les hice jurar que harían conforme a esto.

¡Fijémonos en eso! Nehemías convocó a los sacerdotes, a los hombres que representaban a los judíos delante de Dios. Señalando hacia los prestamistas, les dijo: "Ustedes hagan una promesa a estos hombres que están aquí. Y ustedes [los sacer-

dotes] recuerden esto delante de Dios". Fue una audiencia pública, una declaración pública y una promesa pública delante
de Dios. Nehemías sabía enfrentarse a un problema.

4. *Comprender la seria naturaleza de una promesa hecha a Dios.*

Además sacudí mi vestido, y dije: Así sacuda Dios de su casa
y de su trabajo a todo hombre que no cumpliere esto, y así sea
sacudido y vacío (versículo 13).

Si hay algún tiempo en que se debe tomar a Dios en serio, es
cuando le hacemos una promesa.

Un compañero mío en la escuela secundaria de Houston era
lo más bajo, lo más vil y lo más terco qua pudiera haber. Como
miembro del equipo de fútbol, unas veces jugaba como zaguero y otras veces como defensa. ¡Era un rebelde indómito y tan
rudo como una bota! Tenía un yate rápido y le encantaba
zumbar por las playas de Galveston a toda velocidad, preferiblemente a media noche. Posteriormente, una noche cuando
marchaba a toda velocidad, le pegó a un arrecife que estaba
poco profundo y dio una vuelta de campana con el barquito.
Se halló en una confusión, pues se desarrollaba una tormenta,
y sólo pudo aferrarse a una roca de aquellas que están forma-
das por conchas filosas de crustáceos. Las olas lo golpearon
para arriba y para abajo contra esas conchas afiladas como na-
vaja de afeitar durante varias horas. La sangre que le manaba
del cuerpo herido comenzó a extenderse sobre las aguas, y se
sintió aterrado al pensar que la sangre atraería a los tiburones
hacia él. Fue entonces cuando oró fervientemente: "Oh Dios,
si te place librarme de esto, te serviré durante el resto de mi
vida. Cambiaré de vida. Haré cualquier cosa". Y prometió:
"Incluso seré un *Predicador*" (el pensaba que ese era el último
sacrificio). Dios, por su maravillosa gracia, despachó a los
guardacostas, y ellos lo rescataron.

Una semana después, ya había olvidado todo lo que había
prometido. Con el paso del tiempo su cuerpo se curó, y volvió a
sus andadas. Posteriormente me dijo que cada vez que se qui-
taba la camisa, las cicatrices que se extendían por su pecho y
abdomen le recordaban la promesa que le había hecho a Dios.
El simplemente apartaba eso de su mente. Se bañaba y se se-

caba, y rápidamente le daba la espalda al espejo, pues esas cicatrices le hacían volver a recordar: "Tú le hiciste una promesa a Dios".

Varios meses después, este amigo se halló en un choque de frente. Fue un milagro que no murió. Ahora tiene una terrible cicatriz en la frente y otra en el cuello, además de las otras que tiene en su cuerpo. Perdió parte de la movilidad de uno de sus brazos, y algunos de sus órganos sufrieron menoscabo. Pero, ¿se imagina usted lo que él está haciendo hoy? Con todas sus cicatrices está predicando el Evangelio. "Cada vez que me afeito recuerdo que las promesas a Dios se deben tomar en serio". Una promesa no es algo de lo cual uno puede deshacerse con una sacudida por considerarla insignificante.

Tan pronto como los judíos se pusieron de acuerdo con lo que Dios había dicho, pudieron alabar al Señor (versículo 13). Volvió la paz, junto con la felicidad, los sonidos de la construcción y el favor especial de Dios.

¿PERO QUE DIREMOS DE LO QUE OCURRE HOY?

Tal vez usted se esté preguntando: "¿Qué nos dice todo esto de Nehemías 5 a nosotros hoy? Ante todo, permítame recordarle: *Dios se complace cuando manejamos nuestro dinero con sabiduría.*

Hay muchos cristianos que son excelentes en diferentes aspectos del ministerio cristiano en público, pero en el manejo del dinero son un oprobio para el nombre de Cristo. A través de lo que hemos visto en la experiencia de Nehemías, queda claro que el adecuado manejo del dinero es importante para Dios. La manera como lo ganamos, lo ahorramos, lo invertimos, lo gastamos y, por supuesto, la manera como lo *damos.* ¿Recibe Dios la parte que le corresponde? Algunos pueden dar un diez por ciento de sus ingresos; para otros, lo que se da a Dios debe estar entre un 15 y un 25 por ciento. Me sorprende que un cristiano piense que puede vivir sin un plan completo y bien pensado para dar, puesto que el Señor destacó la importancia de la fidelidad económica muy claramente y en repetidas ocasiones en su Libro. El sabio manejo de nuestros ahorros, de nuestras inversiones, de nuestros gastos y de lo que damos agrada a Dios. Nunca pensemos que el dinero no le importa al Señor.

Hay algo más que se debe recordar: *El pecado personal prolongado impone un pesado impuesto sobre la obra de Dios en la vida de uno.* Esto no excluye a nadie. El doctor Clarence Macartney, un gran pastor durante muchos años en Pittsburgo, enfocó este asunto en su relación con la responsabilidad del pastor de vivir en obediencia delante del Señor:

> Cuanto mejor sea el hombre, tanto mejor será el predicador. Cuando se arrodilla junto al lecho del moribundo y cuando sube las gradas hacia el púlpito, es cuando toda negación que haya hecho de sí mismo, toda paciencia que haya demostrado, toda resistencia al pecado y a la tentación, volverá hacia él para fortalecer su brazo y dar convicción a su voz. Del mismo modo, toda evasión del deber, toda gratificación de sí mismo, todo compromiso con el mal, todo pensamiento indigno, o palabra, u obra, estarán allí en la parte de arriba de las gradas que conducen al púlpito para encontrarse con el ministro el domingo por la mañana, para quitar la luz de sus ojos, el poder de sus ataques, el sonido de su voz y el gozo de su corazón.[16]

El pecado lo sigue a uno como su propia sombra. Si hay pecado en la vida de usted, ¡deshágase de él! ¡Póngalo delante de Dios, o sálgase del ministerio! Sea suficiente hombre para apartarse hasta que llegue a ser un vaso limpio.

Notemos que en los primeros 13 versículos del capítulo 5 de Nehemías no se menciona el muro. La construcción no estaba en marcha. Uno no puede construir mientras se halle en huelga espiritual; en vez de ello, lo que se mantiene es una condición miserable.

Observo que aquí hay otra lección intemporal: *La corrección de cualquier problema enfrentándose uno a él.* Algunos estamos a favor de evadir la verdad. Por el hecho de que es doloroso enfrentar el pecado en nuestras vidas, nos evadimos de ello. Nos excusamos. En esencia, no queremos soportar el dolor de la realidad. Y así nos escondemos detrás de la famosa rendición: "Bueno, nadie es perfecto. Usted sabe que yo soy así. Siempre he sido así, y siempre lo seré". ¿Quién dice eso? Dios es especialista en esto de cambiar vidas. Pídale el poder del Espíritu Santo que mora en el creyente, y dígale: "Dios, hazte cargo de esto. Cambia mi actitud. Este hábito me tiene enfermo. Esto es pecado".

"Bueno, usted sabe que yo soy dado a la ira. Simplemente me disgusto fácilmente. Mi papá era temperamental; así soy yo".

¡Hágale frente al pecado! ¡Muéstrese severo con él!

"Bueno, yo soy propenso a la bebida. Usted sabe cómo es eso. Hombre, yo tengo problemas. Yo estoy de parranda cada tres semanas".

Haga frente a ese pecado. Haga lo necesario para corregirse.

"Yo me inclino hacia los chismes. Para mí siempre ha sido difícil controlar la lengua. Pero así soy yo. Y así son muchas personas. En ese sentido, sólo tengo un pequeño problema".

¡Eso es PECADO! Aunque el proceso sea doloroso, largo y costoso, usted ya no puede darse el lujo de ir por las orillas del problema. Hágale frente.

Lo último que descubro en este capítulo del diario de Nehemías es lo siguiente: *La corrección se realiza de la manera más efectiva cuando hacemos una promesa, preferiblemente en público.* Confiese usted su pecado a alguna persona que lo conozca bien, y dígale cuál es su plan para hacerle frente; o, si Dios lo dirige así, confiese públicamente el problema y la solución a su grupo de discipulado o a un círculo de amigos íntimos. Uno de los pasos principales hacia la corrección de lo malo en nuestras vidas consiste en hacernos responsables ante un amigo personal íntimo. O haga a Dios una promesa que sea conocida por su familia. Establézcala firmemente. Expóngala delante de alguna persona. Si usted no lo hace, comenzará en usted la operación erosión.

En 1958, una pequeña comunidad del noreste del estado de Pensilvania, Estados Unidos de América, construyó un pequeño edificio de ladrillos rojos que había de ser la sede de la comandancia de policía, del cuerpo de bomberos y de la municipalidad. Estaban orgullosos de ese edificio. Había sido resultado de donativos hechos con sacrificio y de cuidadosa planificación. Cuando se terminó la construcción del edificio, tuvieron una ceremonia de inauguración con su respectivo corte de cinta. Asistieron más de 6.000 personas. Casi todos los residentes del pueblo. ¡Este fue el mayor evento del año!

Sin embargo, en menos de dos meses, comenzaron a notarse unas grietas ominosas en los lados del edificio de ladrillos rojos. Un poco después se notó que las ventanas no cerraban completamente. Posteriormente se descubrió que las puertas tampoco cerraban bien. Con el tiempo, el piso también cambió y se manifestaron feos agrietamientos en su superficie y en los rincones. El techo comenzó a gotear. A los pocos meses tuvo que ser evacuado, para vergüenza del constructor y disgusto de los contribuyentes.

Poco después, una firma especializada hizo un análisis del fenómeno, y descubrió que las explosiones de una área minera cercana estaban destruyendo el edificio lenta pero efectivamente. Imperceptiblemente se estaban produciendo movimientos y cambios por debajo de los cimientos, los cuales hicieron que éstos se cuartearan. Eso no se podía sentir ni ver desde la superficie, pero silenciosamente y en la profundidad se estaba produciendo el debilitamiento. Finalmente, un funcionario de la ciudad tuvo que colocar un aviso en la puerta de ese edificio: "Cerrado. No apto para el uso público". Y por último, hubo que demoler el edificio.

Cuando leí este relato hace varios años, se me ocurrió que un proceso de destrucción similar afectó no sólo la vida de Saúl y la de Salomón, y las de otros que se mencionan en la Biblia, sino también las vidas de otras personas de hoy. F.B. Meyer dijo una vez: "Ningún hombre se vuelve vil de repente". Ese es un proceso silencioso y lento. La erosión continúa sin que se note.

Tal vez a usted se le estén comenzando a producir grietas en los fundamentos ahora mismo. Las ventanas de lo económico en su vida no están cerrando muy bien. Las puertas de la disciplina se han quedado entreabiertas. El piso de su integridad está comenzando a agrietarse. Es fácil explicar racionalmente la verdad y pasar por alto las dolorosas realidades del compromiso. Usted puede aplicar una fuerte mano de pintura, después de rellenar las grietas con mucha masilla, pero antes que pase mucho tiempo, usted será una concha vacía, una máscara miserable, una ridícula apariencia.

Hay un camino mejor. Ese camino exige absoluta honestidad y que usted se niegue a excusarse o a pasar por alto la realidad durante más tiempo. Significa que usted tiene que ser sensible y obediente a las instrucciones del Padre. Requiere que usted se apropie personalmente aquellas cosas que se mencionan en la última parte de este capítulo. Usted debe comenzar hoy.

ocho

Cómo manejar una promoción

La adverisdad es una maestra dolorosa. ¿Quién no ha sentido su aguijón? Puede ser la congoja por un infeliz empleo o el desánimo el perder el trabajo. De repente pudiera reducir la condición de uno, forzándolo a vender su casa, o haciéndolo comenzar de nuevo en otra ocupación que no tiene fruslerías ni emociones. Aun peor, la adversidad puede significar el tener que formar una cola para anotarse en la lista de desempleados.

En el sur de California, la industria del espacio proveyó una vez "la vida" a millares de personas. Como estaba la Luna y una media docena de planetas por explorar; como había que construir plataformas para lanzamientos espaciales; como aparentemente había una interminable provisión de fondos federales y un número siempre creciente de contratos del gobierno; parecía como si estuviéramos en un sueño abriéndonos camino hacia un milenio económico. El sueño, sin embargo, se convirtió en una pesadilla.

Casi de la noche a la mañana, los proyectos espaciales se colocaron en los anaqueles. Se retiraron los contratos. Las comunicaciones de despido reemplazaron a las órdenes de trabajo.

Fueron despedidos hasta ejecutivos, algunos de los cuales tenían más de 20 años de servicio. No era raro ver a doctores en filosofía vendiendo gasolina o limpiando y arreglando prados. Hombres y mujeres, altamente educados y capacitados de manera única, de repente se hallaron rebajados en rango y desilusionados. Les había llegado de nuevo la adversidad. Como un cáncer, su invasión despojadora le robó a la víctima toda motivación y esperanza. Algunos de los que pasamos por esos terribles días nunca los olvidaremos.

Pero hay una prueba aun peor que la adversidad: *el progreso.* ¡Esto suena absurdo, pero es verdad! Tomás Carlyle, el ensayista escocés e historiador, dijo una vez:

> La adversidad es dura para el hombre; pero por cada hombre que puede soportar la prosperidad, hay un centenar que soportará la adversidad.[17]

Son pocas las personas que pueden vivir en el regazo del lujo, y mantener a la vez su equilibrio espiritual, emocional y moral. La repentina elevación a menudo perturba el equilibrio, lo cual conduce al orgullo y a un sentido de autosuficiencia, y luego, a la caída. Es irónico, pero la mayoría de nosotros puede pasar firmemente por una degradación, y no es capaz de pasar firmemente por una promoción. Y en este nivel es precisamente donde el líder piadoso se manifiesta fuerte. Cuando los buenos dirigentes son promovidos, saben manejar el honor.

Un hombre llamado Asaf era del tipo que describió Carlyle: "uno entre un centenar". No sabemos mucho acerca de él, excepto que escribió 12 de los salmos de la Biblia. De los 12, hay uno, el Salmo 75, que me convence de que la cabeza y el corazón de Asaf estaban unidos.

Metidos entre la primera parte y la última del salmo, hay tres versículos (5-7) que fulguran como un aviso luminoso, que anuncia sabios consejos para cualquiera que tenga un nuevo ascenso:

No hagáis alarde de vuestro poder;
No habléis con cerviz erguida.

Porque ni de oriente ni de occidente,
Ni del desierto viene el enaltecimiento.

Mas Dios es el juez;
A éste humilla, y a aquél enaltece.

Lo que Asaf dijo fue algo como lo que sigue: "¡No hagas sonar tu propia trompeta! Recuerda que tu promoción no se produjo por sí sola. Detrás de tu reciente exaltación estuvo la soberana mano de Dios. Tú eres el receptor de su bondad y su gracia".

¡Eso sí es fácil olvidarlo! Y sus amigos no cristianos no verán eso de la misma manera, créamelo. Para ellos, la promoción viene cuando uno está en el punto preciso en el tiempo oportuno, cuando uno conoce a la persona precisa, cuando uno estrecha la mano, cuando uno favorece al jefe preciso, cuando uno consigue la palanca apropiada.

Eso no es así. Dios fue el que de repente levantó a José del calabozo egipcio y lo colocó en el papel de primer ministro. Casi de la noche a la mañana, El exaltó a Daniel de un campamento babilónico de reclutas a la mano derecha del rey. Dios fue el que promovió a Amós. Era un ignorante recogedor de higos, y lo llevó a los salones pulidos y sofisticados de Betel para que fuera su vocero personal. Dios sabía que José, Daniel y Amós eran capaces de manejar su promoción.

Y Nehemías también podía. Nehemías constituye una de las mejores ilustraciones bíblicas sobre cómo manejar un ascenso. Ya hemos visto lo equilibrado que era él. El se las arregló para manejar las situaciones cuando las cosas marchaban mal, y permaneció firme cuando marchaban bien. Nehemías se movió rápidamente hacia adelante cuando el proyecto avanzaba; y se detuvo y descansó cuando el proyecto hizo un alto por breve tiempo. El sabía *cuándo* debía pedir más ladrillos. Era un líder competente, y como resultado, fue ascendido.

EL ARTE DE LA ACEPTACION

Nehemías escribe en el capítulo 5, versículo 14:

> También desde el día que me mandó el rey que fuese gobernador de ellos [*la más alta posición*] en la tierra de Judá desde el año veinte del rey Artajerjes hasta el año treinta y dos, . . .

¿Cuál fue la reacción de Nehemías ante ese nombramiento? Muy francamente se puede expresar en una palabra: *aceptación*. Muchos cristianos parecen tener temor de aceptar responsabilidades que están más allá de sus capacidades. Por ejemplo, ¿cuántos cristianos puede nombrar usted que permanecerían firmes como creyentes en Cristo no comprometidos, en puestos de poder político? El hecho de que hay tan pocos allí no se debe a que los cristianos no están capacitados para ello. Algunas de las personas más capacitadas que yo conozco son individuos que han nacido de nuevo. Pero frecuentemente los cristianos adoptamos la idea de que para ser uno espiritual tiene que ocultarse en las sombras, y que uno tiene que ser carnal para estar expuesto al público. ¡Eso no es así!

Todos necesitamos ser más parecidos a Jabes, un tipo que hallamos oculto en 1 Crónicas 4. El tuvo el valor de orar (versículo 10):

> . . . ¡Oh, si me dieras bendición, y ensancharas mi territorio, y si tu mano estuviera conmigo, y me libraras del mal, para que no me dañe! . . .

Dicho esto en otros términos equivalentes, Jabes no dijo: "Señor, dame un lugarcito donde pueda pasar el resto de mis días en la oscuridad". No. El miró a Dios, y le dijo que estaba dispuesto a aceptar que El le "ensanchara su territorio". Tenemos que creer que Dios quiere utilizarnos en las experiencias de tensión.

Si usted tiene la tendencia a establecer sus metas mucho más bajas que las de Dios, necesita el ánimo de Proverbios 29:2:

> Cuando los justos dominan, el pueblo se alegra;
> Mas cuando domina el impío, el pueblo gime.

"Cuando los justos dominan . . ." La palabra hebrea que se tradujo por "dominan" significa "ser hecho grande"; un sinónimo sería "ser promovido". De modo que Proverbios 29:2 pudiera expresarse:

> Cuando los justos son promovidos, el pueblo se alegra;
> Mas cuando domina el impío, el pueblo gime.

Sin considerar los peligros del liderato y de la promoción,

espero que usted nunca olvide lo que dice Proverbios 29:2. En este proverbio, Salomón nos dejó una tremenda verdad. Cuando las personas que han nacido de nuevo son promovidas a puestos de mayor liderato en sus compañías, tendrán bajo su dirección a individuos que se regocijan por causa de su "justo" gobierno. Cuánto mejor es que suceda esto, y no que sean promovidos los impíos, los cuales traerían con ellos todos los tentáculos de la corrupción y la componenda.

Nehemías aceptó su designación. Debemos orar a Dios para que El eleve a más cristianos a puestos estratégicos: profesores de universidades, rectores de universidades, ejecutivos en el comercio, productores cinematográficos, artistas, gobernadores, senadores y otros que puedan formar las mentes del público. Ya hay algunos verdaderos cristianos en estos puestos, pero no son suficientes.

Nehemías aceptó la gobernación, y de inmediato se enfrentó con las cuatro principales preocupaciones que se le presentan a cualquiera que acepta un ascenso. Todas las cuatro se hallan en los versículos 14 al 18 del capítulo 5.

LOS ASCENSOS TRAEN PRIVILEGIOS

Ante todo, *con cada ascenso hay privilegios.* Se ofrecen derechos nuevos o adicionales, beneficios y favores especiales. El líder sabio los aprovechará sin abusar de ellos. Nehemías dijo que durante esos 12 años (versículo 14), "ni yo ni mis hermanos comimos el pan del gobernador". Ni una vez aprovechó Nehemías la ventaja de los privilegios de alimentación de que le correspondía disfrutar. Como gobernador, él contaba con una asignación para agasajos oficiales. Sin embargo, él no se tomó la libertad de gastar lo que estaba en su cuenta de gastos. Tenía el alimento a la mano, pero él nunca perdió el control.

¿Cómo se relaciona esto con las prácticas de hoy? Supongamos que a usted lo han ascendido en su compañía. Con su ascenso puede venir el privilegio de tener una cuenta ilimitada para gastos. El hijo de Dios, que es una persona de integridad, se guardará de aprovecharse de ese privilegio.

La vida privada del líder promovido está bajo el ataque constante del diablo. Muchos individuos, al pasar de un estrato al siguiente, han recibido el privilegio de un aumento en su condición privada. Pero muchas de estas mismas personas han andado torpemente con su nueva libertad y han caído en el subterráneo moral. Una vez cuando mencioné este problema en uno de mis sermones, un exitoso ejecutivo comercial se acercó a mí después del servicio y me dijo: "Carlos, quiero decirle algo. Antes de ser promovido, nunca lo hubiera creído, pero ahora reconozco cuán fácil es caer en la trampa del compromiso moral. Constantemente vivo atacado en mi integridad moral". Y me dio un ejemplo. No hacía mucho tiempo, en un vuelo de San Francisco a Los Angeles, encontró la más atrayente tentación, y se presentó con la más perfecta excusa para que él cayera. Después de algún tiempo de lucha, él se negó a rendirse. El me dijo: "Vivo continuamente con esa clase de tentaciones. Nunca tuve tales oportunidades antes de ser promovido recientemente. Ahora es más fácil ya que la compañía me ha dado más privacidad".

En cada promoción hay privilegios, pero uno no debe aprovecharlos. Nehemías no lo hizo, y nosotros tampoco debemos hacerlo.

Permítaseme nombrar otra tentación que puede venir con los privilegios de la promoción: la tentación de formarse uno su propio imperio. Fue significativo que Nehemías nunca inició nada que se llamara: "Empresas Nehemías, C.A." El no siguió el procedimiento de establecer acciones, hacerse público y luego convertirse en el mayor accionista de la corporación. El consideró esta designación como gobernador como una posición de confianza, y mantuvo su integridad. Se negó a explotar los privilegios que se le encomendaron.

Hay una ilustración bíblica que demuestra este punto. Es el verídico relato de un hombre llamado Absalón, quien no pudo llevar el hecho de ser promovido. Absalón fue un hermoso hijo de David. El tenía una cabellera abundante, larga y negra, y no tenía defecto desde la coronilla hasta las plantas de los pies. Probablemente nunca tuvo que sufrir de barros ni de los demás problemas que atacan la imagen de uno. El era hermoso y tenía una personalidad magnética. En el sentido externo, era simplemente un superhombre. Pero era también *un rebelde* de corazón.

Si hacemos un estudio de la vida de Absalón, descubrimos que David no lo educó adecuadamente. Pero esa no fue la única razón por la cual tenía un espíritu rebelde. Pasaba demasiado tiempo separado de David. Este gran dirigente se separaba de su hijo con demasiada frecuencia. Y a causa de que David tenía ese sentimiento de culpa por la negligencia, promovió a su hijo a la corte real. Este fue un error mayúsculo. Absalón no fue capaz de comportarse como hombre ascendido. Absalón se robó el corazón del pueblo al sentarse en las puertas de los tribunales y querer ser el juez. Pero como no podía manejar su nueva posición, finalmente derrocó el gobierno y echó a su padre del trono y de la ciudad.

El manejo de las tentaciones del privilegio es uno de los problemas individuales con que uno tiene que contar cuando aumentan sus responsabilidades. Estas tentaciones constituyen una de las razones por las cuales Carlyle dijo que, por cada cien hombres que pueden manejarse en la adversidad, sólo hay uno que puede manejarse en la prosperidad.

LOS ASCENSOS AMENAZAN A LAS NORMAS

Leemos en Nehemías 5:15:

> Pero los primeros gobernadores que fueron antes de mí [hicieron tres cosas: ante todo] abrumaron al pueblo . . .

Eso significa en primer lugar que cobraron impuestos en exceso. En segundo lugar, que practicaron el cohecho:

> . . . y tomaron de ellos por el pan y por el vino más [ilegalmente parece] de cuarenta siclos de plata . . .

En tercer lugar, ellos promovieron a sus siervos a un cargo de liderato dominante. Esa siempre parece ser una tentación en la política de promoción.

Cuando uno es ascendido, no sólo tiene que hacer frente a los privilegios adicionales, sino que invariablemente tendrá que enfrentarse con la presión de las normas. Ante todo, existirán las normas anteriores. Hay algo en las normas antiguas que atrae al pueblo. Parece que el pueblo nunca comprende lo grande que fue su dirigente o jefe anterior *hasta que se va.* De repente se citan sus palabras casi como si fuera un santo. Pero esas antiguas normas pueden producir terribles presiones en el nuevo jefe. Eso fue lo que sucedió en el tiempo de Nehemías. El problema era que había habido un gobierno corrupto; había prevalecido la política sucia. Nehemías llegó al gobierno, y sus consejeros problemente le dijeron algo así como lo que sigue:

—Usted sabe, señor Gobernador, que han estado actuando de este modo todo el tiempo.

—¿Qué? ¿Qué han estado haciendo?

—Bueno, han conseguido algunos ingresos extraordinarios aumentando los impuestos aquí y allí. Y si el gobernador tiene algunos amigos que necesitan trabajo, nadie se queja. Eso es parte del sistema. Hemos tenido el plan perfecto.

¿Se adhirió Nehemías a esta antigua manera de hacer las cosas? Notemos su respuesta en la última parte del versículo 15. Sólo necesitó cinco palabras: "pero yo no hice así". Esas palabras revelan la integridad. Lo que Nehemías dijo en efecto fue lo siguiente: "Tengo una obra que hacer, y soy responsable ante el Dios del cielo que me promovió. No continuaré con la corrupción".

Un ejecutivo comenzó a asistir a nuestra iglesia poco después que yo comenzara a enseñar sobre Nehemías. El y su esposa se asombraron al ver la importancia de este libro. Poco antes, él había sido ascendido a una nueva posición en su compañía. La política de su predecesor era injusta e ilegal. Sólo llevaba en ese oficio menos de un mes cuando comenzó una campaña de limpieza total. ¡Qué presiones las que soportó! Su esposa fue amenazada más de una vez, y él y su esposa habían recibido numerosas llamadas telefónicas obscenas. Horrorosos y falsos rumores se estaban difundiendo con respecto a él. Llegó a ser un hombre odiado por cuanto se negó a permitir que continuara en operación la política anterior. Hoy ya todo está en orden. Desde entonces él ya abandonó ese trabajo y aceptó otra promoción aun con mayor medida de autoridad. Se puede predecir que el hombre se enfrenta ahora a otra serie de políticas similares que requieren una corrección radical.

Esto no es raro. Toda persona que esté en el gobierno, todo ejecutivo y todo jefe militar tiene que luchar con ciertas normas. Ellos oyen constantemente expresiones como éstas: "Siempre se ha hecho . . ." o "Nunca se ha hecho . . ." Lo que está en juego es la integridad del líder. Esa es la razón por la cual muchísimas personas no pueden manejar las presiones de los cargos públicos. Son demasiado fuertes, y ellos sucumben.

Nehemías dijo: "No haré eso. No sucumbiré ante las políticas injustas, pese a lo que haya sucedido durante el gobierno anterior. Nehemías era como un asado dentro de una olla de presión, y sus enemigos mantenían el calor en grado alto. La presión fue la constante compañera de Nehemías: le vino con el trabajo. Sin doblegarse (excepto cuando se ponía de rodillas), Nehemías permanecía firme. Lo que más le importaba era el saber sobre quién reposaba la presión: sobre él o sobre el Señor. Si permitía que permaneciera entre él y Dios, sabía que sucumbiría. Pero si lo empujaba a él para estar más cerca del corazón de Dios, entonces sería un catalizador.

¿Los privilegios? Nehemías nunca los aprovechó. ¿Las normas? El las cambió hacia la dirección adecuada. En efecto, en el capítulo 5, versículo 16, se nos dice que Nehemías se aplicó también a la obra de restaurar el muro. No compró tierra, y todos sus criados estuvieron allí juntos para la obra. ¡Cuán diferente fue su régimen de los anteriores! A los siervos del gobernador anterior se les había dado seguridad y un buen salario. Pero Nehemías tomó el cargo, y como era responsable ante Dios, mantuvo una relación pura y limpia delante de El. ¡Qué raro era ese hombre! No hay ni un hombre de negocios hoy que no estaría de acuerdo: un hombre como Nehemías es un hombre raro.

EL ASCENSO LLEVA CONSIGO PROYECTOS

El tercer aspecto de preocupación para un empleado recién ascendido es lo que llamaremos "los proyectos". *En toda promoción hay proyectos que deben realizarse.* Nehemías no aceptó la gobernación para poder huir de una de sus propias empresas a otra. El permaneció en la tarea de construir el muro. No abusó del ascenso. No la convirtió en una oportunidad lucrativa para sí mismo. Nunca apartó la mirada de la meta. Ni se apartó del objetivo principal: la construcción del muro.

Usted podría pensar: "Bueno, Nehemías no tuvo muchos problemas puesto que él no era realmente muy conocido. ¿Gobernador de Judá? ¡Vaya cosa! Al fin y al cabo, él tenía personas como Artajerjes que lo apoyaban políticamente". Si usted pone en tela de juicio la popularidad de Nehemías, eche una cuidadosa mirada a Nehemías 5:17:

> Además, ciento cincuenta judíos y oficiales, y los que venían de las naciones que había alrededor de nosotros, estaban a mi mesa.

Usted podría decir: "Está bien, pero eso sólo sucedería raras veces". ¿Creería usted que sucedía *todos los días*? El versículo 18 dice:

> Y lo que se preparaba para cada día era un buey y seis ovejas escogidas; también eran preparadas para mí aves . . .

En la cocina no se apagaba el fuego. El tenía que alimentar a miles de personas todos los meses. ¡Eso quiere decir que se consumían muchos alimentos! Sí, Nehemías era bien conocido. Ciertamente era un personaje político muy buscado, un hombre muy público. Los altos funcionarios sociales de las naciones vecinas eran huéspedes de su mesa. Pero Nehemías nunca perdió de vista el proyecto. Su estómago no bloqueó su visión. El mantuvo un ojo vigilante que se negaba a ser empañado por las personas que llegaban y salían. Algunos dirigentes pueden hacer eso. Otros no.

Salomón no pudo. Este llegó a ser el hombre más rico que jamás haya vivido. Sólo de una empresa importadora, según 1 Reyes 10, Salomón sacaba lo equivalente a 20 millones de dólares anualmente. El poseía escudos de oro sólido hechos a mano, que costaban el equivalente de 1800 dólares cada uno. La Biblia nos dice que, bajo la dirección de Salomón, la plata llegó a ser en Jerusalén tan común como las piedras. Pero Salomón no pudo manejar las presiones de la responsabilidad.

Perdió la visión de los proyectos primarios. Veamos el siguiente análisis, elocuente y, sin embargo, trágico:

> Enloquecido por el amor a la exhibición, Salomón se movió hacia una febril carrera de derroche, indecoro y opresión. No satisfecho con las edificaciones necesarias y con el legítimo progreso de sus años anteriores, él sobrecargó a su pueblo con impuestos, esclavizó a algunos y cruelmente instigó el asesinato de otros.

> Todos los vasos en que Salomón bebía eran de oro, y los de su casa eran de oro puro. Los escudos de sus hombres poderosos eran hechos de oro labrado a martillo, y su gran trono estaba hecho de marfil y cubierto con el oro más fino . . . Salomón, como muchos otros monarcas absolutos, viajó muy rápido en sus carros y fue muy lejos . . . El monarca llegó a corromperse y afeminarse; como egoísta y cínico, tan saciado con los asuntos materiales y sensuales de la vida que se convirtió en un excéptico de todo lo bueno: para él, todo llegó a ser "vanidad y aflicción de espíritu".[18]

¿Por qué Salomón decayó tanto? No pudo manejar el hecho de haber sido ascendido. Con el paso del tiempo, la fiebre de su vida comenzó a bajar. Y entonces, al mirar a la luz de las ilimitadas bendiciones de Dios, quedó cegado por el papel que le correspondía y por su vocación.

EL HECHO DE SER UNO
PROMOVIDO AFECTA A LA GENTE

Finalmente, el avance de Nehemías tocó las vidas de otras personas. Esto sucede siempre. No hay líder si no hay pueblo. *El papel de dirección está orientado hacia el pueblo.* Leemos en Nehemías 5:18b:

> . . . y con todo esto [toda la abundancia de alimentos que necesitaba] nunca requerí el pan del gobernador, porque la servidumbre de este pueblo era grave.

Me alegro que Nehemías agregara estas palabras, pues sirven de perfecto equilibrio para la realización de proyectos.

Frecuentemente, un líder fuerte tiraniza a todos los demás sin miramientos para que realicen su objetivo. Nehemías tenía un corazón compasivo. Se mantuvo sensible a las necesidades de su pueblo. Eso no significa que perdiera el control de sus emociones y fallara en el liderato. Significa que Nehemías, al ver que el pueblo estaba sobrecargado y se le cobraban impuestos excesivos, recapacitó y dijo: "Marchemos a un paso razonable. Mantengamos al paso unísono, haciendo frente a un solo problema a la vez".

Un líder expresó esta idea de la manera siguiente:

> El hombre que es impaciente con la debilidad será defectuoso en su liderato. La evidencia de nuestra fortaleza no está en marchar rápidamente hacia adelante, sino en la disposición a adaptar nuestro caminar al paso más lento de nuestros hermanos más débiles, sin olvidar nuestra dirección. Si vamos demasiado adelante, perdemos nuestra capacidad para influir.[19]

Ese es un buen consejo para un dirigente vigoroso. Nehemías nunca perdió su espíritu sensible.

En ninguna otra parte se nos revela el corazón de Nehemías en forma más bella que en éste en el que se habla de su ascenso. He pasado por alto, a propósito, dos declaraciones. En primer lugar, notemos una parte del versículo 15:

> . . . yo no hice así, a causa del temor de Dios.

¿Por qué no siguió Nehemías las normas anteriores? Su relación con el Señor era tan inconmovible que cuando vino la tentación, dijo: "¿Cómo pudiera hacer yo eso? Mi andanza con Dios sería afectada. No me importa cuál es mi salario, mis privilegios, lo profundamente que estén arraigadas las normas, ni lo importante de la posición: *No lo puedo hacer*. Mi responsabilidad ante el Señor es el principio que guía mi vida. Le temo a Él tanto que no puedo gratificar mi vida".

¿Significa eso que el individuo que esté bien relacionado con Dios no puede tener cosas agradables? ¡Ciertamente no! Pero sí significa que debemos tener cuidado para que las cosas agradables no se apoderen de nosotros. No retengamos las cosas tan fuertemente, para que Dios pueda desprendernos de ellas cuando le plazca.

La segunda declaración que revela el corazón de Nehemías la hallamos en el versículo 19:

> Acuérdate de mí para bien, Dios mío, y de todo lo que hice por este pueblo.

"Señor, acudo a ti —fue lo que dijo Nehemías—, y reconozco que he sido promovido por tu gracia. He aceptado una posición de gran liderato. Con el salmista te pido: 'Examíname, oh Dios, y conoce mi corazón; pruébame y conoce mis pensamientos; y ve si hay en mí camino de perversidad. . .' (Salmo 139:23, 24). Y Señor, si tú hallas cualquier problema en mi alma, quítalo, y manténme en el centro de tu voluntad".

El hecho de ser uno ascendido es arduo, ¡pero soportar la promoción es aun más arduo! La adversidad nos obliga a confiar, a esperar en Dios, a recostarnos sobre sus brazos en busca de fortaleza. Pero el progreso puede traer una hueste de dificultades: un falso sentido del orgullo, la tentación de aprovecharse uno de los privilegios, una batalla con las normas anteriores, la tendencia a apartarse de la meta (de los objetivos básicos), y una inclinación a pasar por encima de las personas que están bajo nuestra autoridad.

¡Poco nos sorprende, pues, que Carlyle haya dicho que de cada cien hombres, sólo uno puede superar la prueba de la prosperidad!

Nehemías la superó. ¿La superará usted?

nueve

Operación Intimidación

De una manera típica, cuando George Allen se mudó a Washington, D.C., como principal entrenador de los Pieles Rojas, le prometió la Luna a la capital de la nación. Les dijo a los ciudadanos que sólo necesitaría unas pocas temporadas para hacer que los Pieles Rojas se convirtieran en el equipo campeón de fútbol. Les prometió el *super bowl* para la segunda temporada.

El equipo tuvo una brillante actuación el primer año, antes de la temporada. Luego, en la primera parte de la temporada regular, ganó varias victorias sorprendentes. Parecía que los Pieles Rojas iban a dejar el papel común de ser los perdedores y se elevarían al papel raro de ganadores. Con el paso del tiempo, sin embargo, ocurrió lo inevitable. Comenzaron a perder, y siguieron perdiendo y perdiendo. La culpa cayó sobre el zaguero Sonny Jurgenson, que en mi opinión es uno de los más dotados y efectivos zagueros que jamás haya habido. Jurgenson posee una cualidad que admiro profundamente: la seguridad personal. Parece que nadie pudiera intimidarlo.

Un día, después de otra derrota, Sonny estaba alistándose para tomar la ducha y marcharse a casa. Un reportero deportivo se acercó a él en el vestuario y le dijo: "Dime, Sonny, y sé honesto ahora. ¿No te perturban todos estos comentarios extraoficiales y toda esta publicidad? ¿No te da ganas de dejarlo todo abandonado cuando el pueblo te lanza cosas desde las gradas y cuando recibes esas cartas obscenas?"

Sonny simplemente se recostó, ofreció una gran sonrisa sin mostrar los dientes y suspiró: "No, realmente no. No quiero dejar todo esto. He estado en este juego tanto tiempo que sé que todo defensa, todas las semanas de la temporada, pasa su tiempo, bien en apartamentos de lujo o en letrinas".

El comentario de Sonny señala un hecho importante. Es cierto que si usted es un líder, usted pasa su tiempo, bien en la cumbre o en el olvido. Rara vez sabe lo que es estar entre estos dos extremos. Usted es el héroe o el villano. Es respetado o virtualmente odiado. Las personas que están en el liderato tienen que estar en el yoyo de la opinión pública, bajo la puntería de los golpes verbales cortos, como también sobre la cresta de una gran admiración. El hecho de estar "en letrinas" es mucho más difícil que aquellos días selectos cuando estamos "en la casa". Cuando estamos bajo los ataques verbales de un público que intimida es cuando mostramos lo que somos.

He descubierto, luego de cierto número de años en el ministerio cristiano, que esto se verifica en el sentido espiritual. Uno se dedica a una vida de fe, declara delante de Dios y de los hombres que van a andar con El sin tener en cuenta ninguna otra cosa, y de repente, ¡se produce lo inesperado! El enemigo dirige contra uno todas las armas que puede para sacarlo de su soporte, para hacer que termine derrotado en su temporada, para hacer que uno piense que, al fin y al cabo, no vale la pena.

UN ATAQUE BIEN PLANIFICADO

Nehemías, según se nos informa en el capítulo 6, no estaba en el apartamento de lujo. Aunque había sido un dirigente fiel, estable y constante, se estaba formando un complot para derrotarlo. El ataque contra Nehemías fue muy significativo por cuanto ocurrió en un momento decisivo de su vida. Se produjo cuando estaba casi terminada la obra más grande que los habitantes de Jerusalén habían visto en su generación. El versículo 1 nos dice que el ataque se produjo cuando ya casi habían terminado de reconstruir el muro. No mucho tiempo antes de que estuvieran listos para cortar la cinta y tener una jubilosa celebración, el enemigo atacó.

¡Esto es tan cierto en la vida que es casi increíble! Esta tiene que ser una de las razones por las cuales Dios dice que la persona orgullosa ". . . mire que no caiga" (1 Corintios 10:12). Muy a menudo no es la persona que casi cae la que es vulnerable. La vulnerable es la persona que piensa que *nunca* caerá.

En la Escritura, tales fracasos ocurrieron una y otra vez. ¿Cuándo se cruzaron las miradas entre Betsabé y David? Era un tiempo en que él no sabía lo que era la derrota en la batalla. Desde el tiempo en que tomó el reino hasta cuando cayó con Betsabé, David no había conocido una derrota, ni política, ni militar, ni personal. ¿Cuando cayó Jonás en la autoconmiseración? Después que el gran avivamiento se hubo apoderado de la ciudad. ¿Cuándo fue expuesto José a la tentación de la señora de Potifar? Poco después de haber sido promovido bajo la dirección de Potifar, y se la había concedido manejar libremente la casa.

Francamente, algunos de los días más desanimadores han sido los lunes. No puedo explicar por qué. Después de un gran domingo en que hemos sido elevados en cada uno de los servicios religiosos, cuando hemos oído testimonios y palabras de estímulo, cuando hemos cantado, tenido compañerismo, adorado y realmente disfrutado de la presencia del Señor conjuntamente, el lunes siguiente me sumo en el desánimo. También he descubierto que cuando me estoy aproximando a una tremenda experiencia cumbre, tiendo a caer súbitamente en una baja ola. Tal vez usted también haya descubierto que esto es cierto.

UNA ESTRATEGIA SUTIL

Nehemías ya estaba arreglando la ceremonia de dedicación del muro terminado, cuando el enemigo atacó. Desde el versículo 2 hasta el final del capítulo se nos habla acerca de estos ataques sutiles. Hubo tres clases de ataques, cada uno de ellos fue motivado por la misma razón, es decir detener el proyecto disuadiendo a Nehemías y a sus hombres por medio del desánimo.

Dios permitió que estas pruebas fortalecieran a su siervo. El Señor nunca tiene el deseo de suavizarnos con lujos fáciles e irresponsables. Eso es irreal. Eso es como vivir olgadamente en casa. De vez en cuando se nos permite disfrutar de esa clase de vida, pero no normalmente. G.K. Chesterton, que fue el C.S. Lewis de la Gran Bretaña en el siglo 19, expresa esa verdad de la siguiente manera: "El cristianismo no ha sido probado y hallado falso; se ha hallado difícil y no probado".

Muchas personas ven hoy las exigencias de la vida cristiana y dicen: "Eso es para usted. Yo más bien sigo mi propio camino".

Nehemías dijo: "Yo sigo el camino de Dios". Luego vino el ataque. Primero hubo *una petición personal*, que aparentemente era muy inocente e inocua. En efecto, parecía como si fuera algo que él debía hacer. Leemos en el versículo 2:

> Sanbalat y Gesem enviaron a decirme: Ven y reunámonos en alguna de las aldeas en el campo de Ono . . .

Ahora bien, el verbo "reunámonos" sugiere la idea de una visita compatible. La llanura de Ono estaba situada a unos 30 kilómetros al norte de Jerusalén, y era un hermoso valle verde y fresco. Lo que Sanbalat y Gesem decían era lo siguiente: "Tú necesitas escaparte por algún tiempo. Has estado pegando ladrillos demasiado tiempo. Nehemías, nosotros hemos tenido nuestros inconveneintes, unos pocos desacuerdos, pero unámonos. Ven a Ono".

Nehemías contestó: "¡No, no iré a Ono! No lo haré en vida de ustedes". ¿Por qué fue tan negativa la respuesta de Nehemías? ". . . ellos habían pensado hacerme mal" (versículo 2). ¿Cómo lo supo? Yo no puedo explicar cómo algún líder de la maravillosa familia de Dios es dotado con un sexto sentido que le viene de arriba. El llega al borde del peligro y algo desde adentro le dice: "Yo no me atrevería a meterme en eso; hay algo malo".

Eso no significa que debemos vivir aislados; pero significa

que debemos vivir con discernimiento. El discernimiento es una cualidad dada por Dios que el líder debe poseer. El discernimiento nos permite leer entre líneas.

En esta invitación, Nehemías comprendió el problema. Probablemente se dijo a sí mismo: "Si voy allí, pudiera ser secuestrado. Pudiera ser asesinado. Sé con toda seguridad que mientras yo esté afuera, sufrirá la obra aquí". ¿Entonces qué hizo?

> Mas ellos habían pensado hacerme mal. Y les envié mensajeros, diciendo: Yo hago una gran obra, y no puedo ir; porque cesaría la obra, dejándola yo para ir a vosotros (versículos 2b, 3).

Dicho esto de otro modo, hay una gran diferencia entre ser uno un siervo de Dios que está disponible, y ser un títere de la gente. Una *gran* diferencia. Algunas personas nunca entienden cómo decir no. Pero todo líder que está bajo la dirección de Dios tiene que reservarse ese derecho. Una de las señales de madurez es la capacidad de decir no, sin necesidad de dar explicaciones. Pero veamos el versículo 4:

> Y enviaron a mí con el mismo asunto hasta cuatro veces . . .

¡Los mensajes continuaron llegando! Probablemente estas fueron pequeñas invitaciones embellecidas con magnífica escritura; y cada una tenía al pie una nota: Petición No. 2; Petición No. 3; Petición Final.

Pero Nehemías dio cada vez la misma respuesta: "Y yo les respondí de la misma manera" (versículo 4). ¡Qué hombre tan seguro de sí mismo! No se dejaba intimidar. Pero estaba a punto de hacer frente a otra táctica de presión en el versículo 5:

> Entonces Sanbalat envió a mí su criado para decir lo mismo por quinta vez, con una carta abierta en su mano.

Primero había habido peticiones personales. Ahora, había llegado una carta abierta. ¿Qué significaba esto? Era algo así como una petición oficial. Ya no era una carta privada en un sobre personal; esta vez el mensajero le trajo una carta abierta para que todos la leyeran. Notemos la intimidación, las observaciones amenazantes que se hacen en esta carta abierta (versículos 6, 7):

> . . . en la cual estaba escrito: Se ha oído entre las naciones, y

Gasmu lo dice, que tú y los judíos pensáis rebelaros; y que por eso edificas tú el muro, con la mira, según estas palabras, de ser tú su rey; y que has puesto profetas que proclamen acerca de ti en Jerusalén, diciendo: ¡Hay rey en Judá! Y ahora serán oídas del rey las tales palabras; ven, por tanto, y consultemos juntos.

Permítame hacer una redacción de las tácticas de ellos según las veo entre líneas: "Como usted no vino cuando le enviamos la invitación, hemos permitido que se conozca la verdad. Tenemos el plan de exponerlo a usted. Queremos que todos sepan dos cosas. Primera, que cuando usted vino a Jerusalén, tenía malas intenciones. No vino sólo a reconstruir el muro. Vino con el expreso propósito de reunir a un grupo de personas en torno a usted para poder hacer una revolución. Además, su método es malo. Usted quiere ser el rey, y está esparciendo profetas por toda la tierra para que proclamen que Nehemías será el rey, no Artajerjes. Así que nosotros vamos a enviar esta información al rey de persia. Entonces saldrá usted a reunirse con nosotros".

EL MOLINO DEL RUMOR

Aquí nos estamos refiriendo a un *rumor*. Una de las características del rumor es que nunca se cita la fuente de origen. Realmente, rara vez se conoce la fuente. El versículo 6 declara: "Se ha oído entre las naciones . . ." ¿Cuál es la fuente de este informe? El versículo 6 también revela la falsa conclusión de que Nehemías va a ser rey, "según estas palabras".

Un rumor se distingue en primer lugar, por cuanto que *nunca se declara su fuente.*

En segundo lugar, el rumor se distingue por la *exageración* y la *inexactitud.* El rumor se difunde de un modo exagerado, y los oyentes crédulos y chismosos se alimentan de esa clase de basura. Pasan el rumor de boca en boca, de oído en oído, y cuando le llega a uno, es una soberana falsedad.

¿Ha jugado usted alguna vez en una fiesta el juego llamado "el chisme"? El primer chico de una larga fila de diez le susurra algo a la primera chica que está a su lado. Ella lo susurra suavemente al que sigue, y así continúa a lo largo de la fila.

Cuando el mensaje llega a la persona número diez, es increíble la mutilación que ha sufrido. ¡Y eso sucede con sólo diez personas que tratan de cooperar!

El rumor conduce a la lesión personal y a la incomprensión. ¿Cuál fue el resultado del informe que se dio con respecto a Nehemías? Lo hirió; en efecto, estaba *diseñado para herir*.

Nehemías quedó atrapado en los cuernos de un dilema. Si se negaba a ir a Ono, eso equivaldría a decir: "tengo miedo de que sea conocida la verdad". Pero si iba a Ono, tendría que dejar el trabajo del muro y caería en las manos del enemigo. Entonces él estaría en gran peligro. Fue atrapado en lo que parecía ser una situación imposible.

Personalmente estoy convencido de que el enemigo número uno de la unidad cristiana es la lengua. No son las bebidas alcohólicas, ni las drogas, ni los hogares pobres, ni la inflación, ni la televisión, ni siquiera un programa malo de la iglesia. El enemigo número uno es la lengua.

Las personas que difunden rumores invariablemente despliegan una falta de sabiduría. La sabiduría obliga a la persona a hacer preguntas escudriñadoras como éstas: "¿Es necesario decir esto? ¿Es esta información confidencial? ¿Tengo yo el derecho de pasar esta información a otros?" La sabiduría impulsa la respuesta: "No abras la boca, pues Dios odia a los que siembran discordia entre su familia". De las siete cosas que Dios aborrece, tres se relacionan con la lengua. (Véase Proverbios 6:16-19.)

Otra cosa de la cual carece el acto del chismoso es de la *información exacta*. En cualquier momento en que usted quiera hallar la verdad, primero tiene que hallar la fuente. Para probar la exactitud se hacen las siguientes preguntas: "¿Es cierto esto? ¿Puede citarse la fuente original?"

Además, los que difunden rumores pierden la visión del *ambiente adecuado* para compartir la información. La persona debe preguntarse: "¿Beneficiará esto a la persona que me oye?" O mejor aún: "¿Podrá hacer tal persona algo al respecto? ¿O esto va a ser otro lanzar un rumor inútil en los oídos de alguna persona?" El hecho de dar información no verificada a personas críticas y negativas, sabiendo que ellas no pueden hacer absolutamente nada en dicha situación, no constituye un hecho inteligente. Si usted acude a un individuo que puede hacer algo por una información importante, y con un espíritu de amor la comparte con él, esa se llama crítica constructiva.

Ahora bien, no todo crítico es enemigo de la fe, ni toda persona que critica es del diablo. Sin embargo, no estoy plenamente convencido de que el término "crítico" se aplica al chismoso. Una persona que está genuinamente interesada en la verdad utiliza su lengua para asegurar y mantener la verdad.

¿Cuál debe ser su reacción cuando se enfrenta con el chismorreo? Francamente, creo que la mejor respuesta es la confrontación directa. La próxima vez que alguno traiga chismes y rumores a sus oídos, repréndalo. Es posible que así usted enseñe una lección que se necesita.

En el caso de Nehemías, nadie estaba cerca como testigo de la verdad. El se hallaba simplemente frente a una carta de exposición que se había basado en una mentira. Nehemías respondió de una manera bella. Si alguna vez usted se convierte en blanco del chismorreo, lea cuidadosamente el versículo 8. Aquí usted aprende cómo manejarse a sí mismo cuando se halle bajo ataque. Para comenzar, Nehemías negó calmadamente el cargo:

No hay tal cosa como dices . . .

"No es cierto", dijo Nehemías. Luego echó la culpa al verdadero culpable.

. . . sino que de tu corazón tú lo inventas.

Es decir, "estas son cosas que tú has inventado y no son ciertas". Y en el versículo 9 se nos dice que él presentó su tribulación delante del Señor. Nehemías dijo:

Porque todos ellos nos amendrentaban, diciendo: Se debilitarán las manos de ellos en la obra, y no será terminada. Ahora, pues, oh Dios, fortalece tú mis manos.

Es imposible que un líder—o en realidad cualquier persona—que tenga un espíritu sensible, no se sienta herido por un rumor. No importa lo fuerte que usted sea como líder, experimentará en ocasiones que los comentarios punzantes realmente lo herirán. Luego, cuando usted haya recogido los trozos y los haya acomodado en su puesto, podrá continuar hacia adelante.

Permítaseme decir algo a los chismosos. Si su lengua es suelta, Dios va a tener que juzgarla. Como usted ve, el chismorreo es una de las principales razones de la desunión de la familia de Dios. ¡El cuerpo no tiene músculo más fuerte que el que está dentro de nuestra boca!

¿Entonces, qué debe hacer usted cuando está en desacuerdo y hay que expresarlo? Tenemos que acudir con ellos ante los dirigentes que puedan hacer algo al respecto, ante aquellos que realmente oirán, evaluarán y responderán a lo que les digamos.

Si usted trabaja en una compañía y está hablando mal de su jefe, está haciendo mal. Usted debe expresar sus diferencias a alguna persona que tenga autoridad y en un tono bondadoso y no rudo.

Creo que junto a cada teléfono debieran estar escritas las palabras de Efesios 4:29:

> Ninguna palabra corrompida salga de vuestra boca, sino la que sea buena para la necesaria edificación, a fin de dar gracia a los oyentes.[20]

Este versículo se refiere incluso a la crítica adecuada a la persona que se la merece. Nuestras palabras deben edificar, construir.

Observemos que el propósito de la carta enviada a Nehemías fue el de atemorizarlo.

> Porque todos ellos nos amedrentaban . . . (versículo 9).

Pero Nehemías no se rindió. Persistió en lo que sabía que era la voluntad de Dios.

¿No es interesante el hecho de que cuando un procedimiento no resultó efectivo, se utilizó otro procedimiento? ¡Los enemigos pueden ser implacables! Primero trataron de detener el proyecto mediante una petición personal. Luego utilizaron un documento público, una especie de remitido, para detener el progreso. Finalmente, emplearon una advertencia que sonaba algo religiosa (aunque era una táctica intimidante): "¡Escapa por tu vida!"

> Vine luego a casa de Semaías hijo de Delaía, hijo de Meheta-bel, porque él estaba encerrado; el cual me dijo: Reunámonos en la casa de Dios, dentro del templo, y cerremos las puertas del templo, porque vienen para matarte; sí, esta noche vendrán a matarte (versículo 10).

Eso fue algo aterrador. ¿Puede imaginarse cómo fue eso? Una noche, Nehemías se puso el pijama, apagó la vela y, después de acostarse, oyó un ruido afuera. "¡Ay, no! —se dijo a sí mismo—. Ese es uno de los tipos que vienen a matarme!"

De modo que lo que este nuevo memorándum decía era lo siguiente:

"Tú sabes, Nehemías, que estos tipos vienen a media noche, y te van a matar. Te digo, reunámonos en el templo y oraremos juntos". Como usted sabe, este es el enfoque superpiadoso: "Vamos a orar juntos sobre este asunto". ¿Hasta qué punto puede usted ser un farsante?

El discernimiento de Nehemías fue notable. Lo hallamos en los versículos 11 y 12 del capítulo 6:

> ¿Un hombre como yo ha de huir? ¿Y quién, que fuera como yo, entraría al templo para salvarse la vida? No entraré.

Esa decisión fue muy sabia, ¿pero cómo sabía eso? Otra vez digo que no puedo explicarlo. El versículo 12 simplemente dice:

> Y entendí que Dios no lo había enviado, sino que hablaba aquella profecía contra mí porque Tobías y Sanbalat lo habían sobornado.

¡Bravo! He ahí un fuerte líder, entregado a la construcción de los muros, y un grupo de personas han contratado a este "matón" para que lo arrincone en el templo y ponga fin a su vida. Nehemías dijo: "No puedo hacer eso".

La intimidación consiste en obligar o disuadir mediante una amenaza. Haz esto. De otro modo, ¡tienes que atenerte a las consecuencias!

Tengo un amigo que es pastor y una vez realizó un ministerio de mucho éxito en la costa oriental de los Estados Unidos de América. El mismo domingo por la mañana cuando comenzó este ministerio, halló una carta anónima sobre su escritorio. (Por lo general estas cartas son anónimas.) La carta pulcra y bien escrita decía: "Si usted no inscribe a sus hijos en (tal y tal) escuela cristiana, usted dividirá la iglesia". La carta terminaba con las siguientes palabras: "Un feligrés preocupado".

Eso es intimidación. Es el intento de lograr el objetivo de uno por medio de una amenaza sea cual sea.

"Nehemías, ellos van a venir a media noche y te van a matar; y si no escapas, ¡ahí se acabará todo!" Y Nehemías respondió:

—No puedo ir.

—¿Por qué no?

—Porque Dios no quiere que yo vaya.

—Bueno, eres un necio.

—No, yo ando por fe. Creo que Dios me protegerá.

Recordemos que Dios había dicho: "Nehemías, no vayas". El versículo 13 dice:

> Porque fue sobornado para hacerme temer así, y que pecase. . .

¿Dónde yacía el pecado? En ceder a un comentario que lo intimidaba. No es el *ser* intimidado, pero el *ceder* a la intimidación lo que produce el pecado. Nehemías dijo: "Delante de Dios, no puedo darme por vencido". Pero, ¿por qué querían los enemigos de Nehemías que él pecara? El versículo 13 continúa:

> . . . y les sirviera de mal nombre con que fuera yo infamado.

Pronto se oirían curiosos chismes entre unos y otros. "¿Supiste con quién pasa Nehemías el tiempo estos últimos días? Todas las tardes se las pasan juntos en el templo".

Nehemías tenía causa justa para sospechar que los rumores podrían extenderse fácilmente, si él decidía aceptar esta cita clandestina en el templo. ¡El estaba rodeado de personas que mantenían ese antiguo servicio postal muy ocupado!

> Asimismo en aquellos días iban muchas cartas de los principales de Judá a Tobías, y las de Tobías venían a ellos (versículo 17).

Ahora bien, esto fue algo *muy práctico*. Tobías era el archienemigo de Nehemías: era un incrédulo. El odiaba las cosas de Dios. Dentro de los muros estaba Nehemías y un grupo de hombres diligentes. Pero el complot se complicaba ya que Tobías, el enemigo, estaba relacionado por matrimonio y por consanguinidad con el pueblo que estaba adentro. Había un paso de cartas hacia adentro y hacia afuera (delante de Nehemías) sobre Nehemías. Nehemías informó que ellos continuaban enviándose estas cartas unos a otros.

> También contaban delante de mí las buenas obras de él, [Tobías] y a él le referían mis palabras. Y enviaba Tobías cartas para entemorizarme (versículo 19).

Lo que Nehemías dijo fue lo siguiente: "Yo no me rindo. Usted puede ir al templo de noche todas las veces que quiera, pero yo no iré con usted. ¡Ni usted, ni cien hombres como usted podrán detener el progreso!"

¡MISION CUMPLIDA!

Ahora veamos el versículo 15. ¿Ve usted lo que ocurre? ¡Qué magnífico cumplimiento! "Fue terminado, pues, el muro". Los últimos ladrillos se colocaron en medio de ataque tras ataque. Nehemías estaba en el campo bajo la amenaza de las armas; pero aquel muro iba para arriba. El versículo 16 dice:

> Y cuando lo oyeron [lo de haber terminado el muro] todos nuestros enemigos, temieron todas las naciones que estaban alrededor de nosotros . . .

Esa tuvo que haber sido la experiencia más emocionante de todas: ver que Dios desciende a rescatarlo a uno cuando ha estado impotente. En medio del asalto incesante del enemigo, a pesar de la interminable andanada verbal, ¡el muro fue construido! Mientras el enemigo destruye, Dios construye.

¿Por qué hoy es esto tan importante? Porque es imposible hacer la voluntad de Dios, andar por fe, pasar los ladrillos, sin ataque. Yo animo a todos los que leen estas páginas a que permanezcan firmes. Recuerden el consejo de Juan:

> . . . porque mayor es el que está en vosotros, que el que está en el mundo (1 Juan 4:4).

El Señor fortaleció a Nehemías a través de tres severos ataques: (1) un ataque por medio de tres cartas personales; (2)

un ataque por medio de un remitido público que impugnaba sus motivos y su carácter; (3) un ataque por medio de una advertencia diseñada para paralizarlo de terror. ¡Ninguno de ellos fue efectivo! El muro continuó edificándose. Por el hecho de que Nehemías y sus trabajadores estaban en el centro de la voluntad de Dios, fueron invencibles. La persistencia paga ricos dividendos.

Recuerdo aquellas enfáticas palabras que Winston Churchill pronunció una vez en la Escuela Harrow: "¡Nunca se rinda! Nunca, nunca, nunca, nunca. ¡Nunca se rinda!"

Si lo que está en juego es el honor, o un buen principio, si usted sabe que está en el centro de la voluntad de Dios, *nunca se rinda*.

diez

¿Avivamiento en Watergate?

En todo genuino avivamiento de la historia, siempre han aparecido dos principales fuerzas propulsoras. En primer lugar, siempre ha habido la proclamación de la Biblia, la *Palabra de Dios*. En segundo lugar, siempre ha habido como respuesta la movilización de los creyentes en Cristo, el *pueblo de Dios*.

Aunque esto parezca raro, un avivamiento no se relaciona directamente con las personas no salvas. No se puede revivir a los perdidos. Se puede revivir a los salvos. El avivamiento ocurre cuando Dios enciende el fuego de su Palabra y moviliza a su pueblo para que salga a ganar a los perdidos. Permítaseme ilustrar este concepto de avivamiento por medio de las páginas de la historia.

Hace cuatrocientos años, Dios encendió el fuego en las vidas de varios hombres en Alemania. Tan pronto como Dios hizo arder su Palabra en los corazones de estos pocos, no pasó mucho tiempo sin que comenzaran a llevar la antorcha por toda Europa luminarias tan grandes como Melanchthon, Calvino, Zwinglio, y, por supuesto, Lutero. La Biblia pasó al idioma y a las manos del pueblo de Alemania, y gradualmente, el antiguo formalismo de la iglesia fue reemplazado por un cristianismo viviente y vibrante. Un amante de la antigua literatura ha descubierto un antiguo salterio de Bohemia que tiene un cuadro en el cual está Wycliffe produciendo la chispa, Huss encendiendo los carbones y Lutero agitando la llama. En efecto, dice: "¡La Reforma ha venido! ¡El avivamiento se ha producido!" Ese salterio data de 1572. Aun en ese tiempo, comprendieron lo que Dios estaba haciendo.

No muchos años después vivió en Escocia un ardiente predicador y agudo escritor llamado Juan Knox. Dijo una vez lo siguiente sobre la reina María de Escocia: "Ella es una vieja Jezabel". Cuando la sanguinaria reina María oyó lo que él había dicho, repondió: "Temo a su lengua y a su pluma más que los ejércitos de Inglaterra". Ella sabía que Knox tenía influencia en las mentes del pueblo. El leyó la Palabra de Dios, confió en sus promesas y movilizó al pueblo de Escocia hacia lo que llegó a conocerse como "el avivamiento escocés".

Luego aparecieron los hermanos Wesley. Vivieron en Inglaterra en el siglo 19. Nacieron en un hogar único. Fueron hijos de un rector inglés y tal vez de la madre más grande que jamás haya conocido Inglaterra. Durante sus 50 años de predicación, Juan Wesley predicó 40.000 sermones. Habló a auditorios hasta de 20.000 personas sin la ayuda de un sistema de altoparlantes. Viajó 362.000 kilómetros, la mayor parte de ellos a caballo, proclamando la Palabra de Dios. Su hermano Carlos le dejó a la iglesia un magnífico legado de 8.000 himnos. Entre ellos estaban muchos de los que aún nos encanta cantar: "¿Pudiera ser que yo gane?"; "¡Oh, que tuviera lenguas mil!"; "Oíd un son en alta esfera"; "Cristo para el mundo, cantamos"; "Levántate, oh Alma mía"; "Jesús, Amante de mi alma"; y muchos más. El común del pueblo no sólo obtuvo la Biblia, sino también un himnario. Estas fueron las dos contribuciones que Lutero deseó hacer al cristianismo: una Biblia que ellos pudieran entender y un himnario con cual pudieran cantar. El dijo: "Desatémoslos. La llama se extenderá por su cuenta". Eso es avivamiento. Cuando la Palabra de Dios se proclama y el pueblo de Dios está movilizado, se ha producido un avivamiento.

EL PRIMER AVIVAMIENTO

Oculto por allá en el libro de Nehemías se halla registrado el primer avivamiento que se registra en la historia. Y aunque había muchos lugares, el avivamiento ocurrió en Water Gate. (Este es el nombre de un sitio famoso en los Estados Unidos que se distinguió por la corrupción política, y cuya traducción literal es "la puerta de las Aguas", que es el nombre del lugar donde se produjo el avivamiento de Nehemías—nota de Editorial Betania—.) Leemos en Nehemías 8:1: ". . . y se juntó todo el pueblo como un solo hombre . . ." En el conjunto de los dos primeros versículos de este capítulo aparece la más emocionante experiencia después de terminado el muro.

Es conveniente saber que en este tiempo había un vacío espiritual en la ciudad. El proyecto de reconstrucción del muro había terminado y el pueblo se había mudado a sus propias moradas. Según el capítulo 7, que es un capítulo detallado relacionado con la organización del pueblo, éste estaba ahora bien organizado, bien defendido y bien gobernado. Pero en esta comunidad, aunque sus residentes tenían buenos hogares, buenos trabajos y estaban bien protegidos, algo faltaba. Nehemías sentía el vacío espiritual como lo sentía el pueblo. De todo esto emerge una verdad intemporal: No es suficiente tener una superestructura bien hecha, si adentro hay poca vida o no la hay. ¡Cuán real es esto en la iglesia! Todos nosotros hemos visto bellas estructuras y una maquinaria de organización bien aceitadas, pero luego nos hemos dado cuenta de que eso es todo.

Muchas iglesias son como una máquina impresora acerca de la cual leí una vez. Tenía centenares de ruedas, piezas, engranajes, poleas, correas y luces, las cuales se movían todas o se encendían con sólo tocar un botón. Cuando alguien le preguntó a su inventor: "¿Qué es lo que hace la máquina?" éste respondió: "¡No hace nada! ¿Pero no le parece que se mueve maravillosamente?"

La maquinaria por sí sola no es suficiente. Este axioma también se aplica al mundo de los negocios. Varias industrias importantes están prestando mucha atención a la formación de "círculos" y "grupos" de empleados, con la esperanza de aumentar el interés y el compromiso de los unos con los otros y, por supuesto, a favor de la compañía.

Líderes, ¡tomen nota! Los edificios satisfactorios y la operación bien organizada son esenciales. Pero tener a su gente agrupada, protegida y bien relaciona entre sí es igualmente vital. Los "muros" hay que construirlos, pero un líder efectivo y verdadero debe asegurarse de que lo que sucede adentro también sea real.

Ocurrieron tres cosas en tiempo de Nehemías para asegurar que a los muros se les diera el uso adecuado:

1. *Nuevo personal.* Evidentemente, tanto el Señor como Nehemías sabían que Esdras haría un mejor trabajo que Nehemías en lo que se refería a mantener las cosas en marcha dentro del muro. Este es otro ejemplo de cómo se deben encomendar las tareas de un proyecto que está en marcha a otras personas que sean más aptas y capacitadas que el líder principal. Ya hemos visto que Nehemías era un hombre excelente en cuanto a la delegación de tareas. Peter Drucker, que en nuestro día es el que tiene la "última palabra" en lo que se refiere a la dirección de empresas, hubiera estado orgulloso de él. Drucker escribe:

> Para estas fechas, los directores de todas partes han aprendido que la descentralización fortalece la administración central. La hace más efectiva y más capaz de realizar sus propias tareas.[21]

Nehemías sabía que esto era cierto y, por tanto, utilizó el potencial de Esdras en este tiempo crítico en Jerusalén. Esdras se convirtió en el vocero ante el pueblo.

2. *El establecimiento de la verdad.* Las Escrituras se proclamaban abierta y osadamente. A menudo, cuando se presenta el éxito, bien sea en los negocios o en la iglesia, hay una tendencia a operar con el combustible de las emociones (el entusiasmo, los buenos sentimientos), en vez de utilizar el "combustible auténtico" de la verdad establecida.

Recordemos que la principal tendencia renovadora en un avivamiento genuino es la proclamación de la Escritura. Los apóstoles, que establecieron el paso de la iglesia primitiva, permanecieron con la Palabra de Dios. Aunque se produjo el crecimiento y un gran número de personas se convirtieron en seguidoras de Cristo, los que dirigieron este avivamiento del primer siglo nunca se aventuraron a apartarse de la Palabra de Dios. Lo mismo se cumplió en el caso de los reformadores.

Me parece útil descubrir en esta sección de las memorias de Nehemías, las características de la exposición bíblica auténtica. A partir de las primeras palabras del capítulo 8, leemos cómo transcurrieron los sucesos:

> . . . y se juntó todo el pueblo como un solo hombre en la plaza que está delante de la puerta de las Aguas, y dijeron a Esdras el escriba que trajese el libro de la ley de Moisés, la cual Jehová había dado a Israel. Y el sacerdote Esdras trajo la ley delante de la congregación, así de hombres como de mujeres y de todos los que podían entender; y los oídos de todo el pueblo estaban atentos al libro de la ley (versículos 1-3).

En primer lugar, hubo la lectura de la Palabra de Dios. Es así como comienza la exposición, no con la opinión del hombre, sino con la verdad de Dios.

En segundo lugar, hubo un obvio respeto hacia la verdad. El pueblo oyó atentamente.

> Abrió, pues, Esdras el libro a ojos de todo el pueblo, porque estaba más alto que todo el pueblo; y cuando lo abrió, todo el pueblo estuvo atento. Bendijo entonces Esdras a Jehová, Dios grande. Y todo el pueblo respondió: ¡Amén! ¡Amén! alzando sus manos; y se humillaron y adoraron a Jehová inclinados a tierra (versículos 5, 6).

En tercer lugar, se explicó la verdad para que todos los que oían la entendieran.

> Y leían en el libro de la ley de Dios claramente, y ponían el sentido, de modo que entendiesen la lectura (versículo 8).

Luego de una lectura oral del libro, los que estaban versados en sus verdades daban el sentido o significado. La palabra que se tradujo en este caso por "ponían el sentido" significa en hebreo "hacer que algo sea distinto", "separarlo de alguna otra cosa para hacer que fluya en una forma significativa". Ellos separaron las partes de la Palabra, los versículos, los pasajes, de tal modo que cuadraran de una manera inteligente, clara y comprensible.

¿Pero por qué necesitaban dar sentido a las Escrituras? Recordemos que estas personas eran judías por nacimiento, pero no lo eran por lengua ni por cultura. Habían llegado de Babilonia a Jerusalén, y habían traído una mentalidad y un estilo de vida caldeos.

Las palabras que se les estaban leyendo eran de la Biblia hebrea. Así que oían la lectura de una Biblia hebrea por medio de oídos babilonios. Había, pues, un bache en la comunicación. De modo que los escribas que estaban capacitados tomaron el texto hebreo y prácticamente lo tradujeron de manera que tuviera sentido a los oídos de los oyentes. Al hacer esto, la Biblia dice que "ponían el sentido". Ellos abrían la puerta que conducía al entendimiento, a la capacidad de ver algo que estaba por debajo de la superficie. Ofrecían los escribas al auditorio un profundo significado de las palabras y de los pasajes para que como resultado se produjera el entendimiento.

En cuarto lugar, se aplicó la verdad. Los que oyeron respondieron:

> Y Nehemías el gobernador [es algo de admirar —el gobernador se encontraba en medio del avivamiento], y el sacerdote Esdras, escriba, y los levitas que hacían entender al pueblo, dijeron a todo el pueblo: Día santo es a Jehová nuestro Dios; no os entristezcáis, ni lloréis; porque todo el pueblo lloraba oyendo las palabras de la ley (versículo 9).

¿Por qué lloraban? Reconocieron que eran culpables. Recordaban aquellos años en que habían vivido sin energía espiritual. También recordaban los pecados de sus antepasados que habían hecho que fueran llevados en cautividad. La profundidad de su culpa los hizo llorar. (Esa es una buena señal, digámoslo de paso. Algunas veces, la culpa es un excelente factor de motivación. No todo sentimiento de culpa es malo. Dios utiliza a veces el sentimiento de culpa para conducir a las personas al conocimiento salvador de Jesucristo.)

En ese momento en que había sentimiento de culpa, Nehemías se puso de pie y dijo: "Ahora, dejen eso. Dios los perdona. Sigamos adelante. Este es un día santo. No es un día para llorar, sino para celebrar". En el versículo 10 se le dice a la multitud:

Id, comed grosuras, y bebed vino dulce, y enviad porciones a los que no tienen nada preparado; porque día santo es a nuestro Señor; [No llore en un día feriado; celébrelo.] no os entristezcáis, porque el gozo de Jehová es vuestra fuerza.

Leemos en el versículo 11:

Los levitas, pues, hacían callar a todo el pueblo, diciendo: Callad, porque es día santo, y no os entristezcáis.

Parece que ellos estaban viviendo en una época algo parecida a la nuestra en la cual algunos declaraban que Dios estaba muerto. Para los judíos del tiempo de Nehemías, Dios se había ausentado en un viaje largo y agotador. Ellos habían perdido el contacto con El y le tenían temor.

Recientemente vi en la parte de atrás de un vehículo de remolque para acampar un gran letrero en negro y blanco que decía: "Dios ha regresado y ¡hombre! ¿Cómo está de disgustado!" Sólo hay un problema en esa idea. ¡Dios nunca se retiró! El hombre fue el que se retiró.

Aquellos judíos de Jerusalén estaban pensando: "Dios ha estado ausente, pero ahora ha regresado y está disgustado". Nehemías y sus hombres decían: "¡No! ¡Ustedes eran los que se habían ido! Deben celebrar este día. Este maravilloso Dios del cielo todavía está con los brazos abiertos y dice: "Estoy dispuesto a perdonarlos. Recibiré a cualquiera que se arrepienta. Acudan a mí tal como están. Yo los recibiré".

El versículo 12 nos dice que ellos se aplicaron el mensaje personalmente; y se convirtieron en un pueblo movilizado.

Y todo el pueblo se fue a comer y a beber, y a obsequiar porciones, y a gozar de grande alegría, porque habían entendido las palabras que les habían enseñado (versículo 12).

¡Esto fue un avivamiento! La Biblia se había proclamado y el pueblo estaba movilizado.

Como sabio dirigente, Nehemías empleó nuevo personal. Como líder piadoso, permaneció leal a la verdad establecida. Pero hubo otro factor que brindó significado a la construcción del muro.

3. *Distinguir entre los medios y el fin.* Es la distinción entre lo que hay que hacer de inmediato y lo que viene como resultado a largo plazo.

Nehemías había sido escogido esencialmente para hacer un trabajo a corto plazo, un proyecto que era como un medio para llegar a un fin, y no un trabajo amplio y final. Su dirección debía prevalecer sobre la construcción del muro protector: era una tarea vital, pero no era definitivamente una asignación final. El propósito del muro no era simplemente tenerlo, sino que contuviera, protegiera e identificara al pueblo de Dios. Más allá del proyecto de la construcción del muro había una meta que Nehemías nunca olvidó.

Los líderes que son capaces de discernir distinguen entre los medios y el fin. Como los líderes están libres de una visión de túnel, tienen la mente puesta en la totalidad, no sólo en su propia contribución. Nehemías hizo provisiones para llevar a término el plan completo de Dios. Sabiamente evitó la mentalidad de monumento. No acarició la opinión hinchada del proyecto de argamaza y ladrillos. Para él, la muralla le ofrecía al pueblo un ambiente útil, provechoso (el medio) para las experiencias de avivamiento que tendrían dimensiones eternas (el fin).

Si usted piensa en las características que el liderato de Nehemías manifestó en este capítulo, hallará que en todo él se ha tratado un solo tema: *la abnegación*. Nehemías, sin preocuparse de que su nombre apareciera luminoso, se colocó a un lado y fortaleció el proyecto total con nuevos refuerzos: personas como Esdras, que era mejor que él en el manejo de las Escrituras. Y mientras Esdras hizo este trabajo, Nehemías permaneció entre el pueblo, aplicándose la verdad que estaba siendo proclamada. Para él no fue ningún problema el hecho de apartarse hacia un lado y permitir que su proyecto del muro virtualmente fuera pasado por alto, por cuanto se estaba produciendo una actividad más significativa entre el pueblo. ¿Por qué? Porque su mente era abnegada, estaba desprovista de egoísmo.

Todos hemos visto líderes que no tienen corazón de siervos. Son ejemplos nauseabundos del deseo de formarse una imagen. Un autor, que escribió sobre este tipo de líder, declaró de un modo enérgico:

El líder puede disfrutar conscientemente de un sentimiento

de superioridad y lejanía, que se manifiesta en cierto aire de superioridad, vanidad, falsedad y orgullo propio. Puede exigir demasiada adulación y lealtad personal y, por tanto, tratar de rodearse de aduladores: "sí, señor", y otras expresiones estereotipadas. Puede querer en gran manera y a menudo que se cumpla su propio capricho, y ser demasiado testarudo y obstinado en recibir consejos de sus colegas y seguidores.[22]

Desde el mismo principio, Nehemías se negó a todas las tentaciones de convertir su proyecto del muro en una fascinación de su ego. Quedó satisfecho con ser un indio en medio de los otros indios: no un cacique.

Mi deseo es que crezca su tribu.

once

El magnífico arte del discernimiento

Los fanáticos del béisbol conocen bien el descanso que se da después de la séptima entrada, y que da al expectador la oportunidad de ponerse de pie y sacudirse el cansancio que pueda tener antes de entrar a las jugadas finales. Esto es precisamente lo que sugiero que hagamos en este momento con el libro de Nehemías. Para repasar, quitemos el polvo de algunos capítulos antes de prepararnos para estudiar los pocos versículos que nos quedan del capítulo 8 y proceder con el resto del relato. Para ayudar a estirar nuestros músculos mentales y quitar unas pocas telarañas craneales, enfocaré nuestro breve repaso desde una perspectiva diferente.

UNA MIRADA DE ATRAS HACIA ADELANTE

Pensemos en el libro de Nehemías como si estuviera dividido en dos partes principales. En los primeros seis capítulos, hay una *reconstrucción* del muro; en los últimos siete, hay una reeducación del pueblo que construyó el muro. Los primeros seis capítulos nos narran la historia de un personaje predominante (Nehemías), que fue el constructor y supervisor de la obra y finalmente llegó a ser gobernador del pueblo de Jerusalén. Pero en los últimos siete capítulos, la dirección cambia de Nehemías a Esdras, que era sacerdote y escriba. Recordemos que él fue el que dirigió el principio del avivamiento.

Pero hay un hilo que corre a través de todo el libro, un tema central: *el liderato:* es decir, cómo usa Dios a una persona para motivar y animar a otras hacia nuevos campos, nuevos panoramas, nuevas acciones para el cambio. En los primeros seis capítulos, Dios utiliza a Nehemías para enseñarnos sólidos principios de liderato; en los últimos siete, El utiliza a Esdras.

Usted recordará que en la primera parte del capítulo 8 de Nehemías, el avivamiento de la Palabra de Dios tuvo un efecto notable sobre el pueblo. Los que oyeron la Palabra de Dios leída por Esdras, estaban emocionados con lo que oían. En efecto, el versículo 8 dice que los que leían el libro, traducían lo leído para darle sentido, y el resultado fue la *comprensión.* En otras palabras, las personas que habían construido los muros y ahora estaban seguras detrás de ellos, comenzaron a recibir energía de la Palabra de Dios. Los motivaba.

INFORMACION Y DISCERNIMIENTO

Durante un día entero, el pueblo de Jerusalén había oído hechos procedentes de la Escritura. Llamaremos a este hecho "información superficial". Ellos absorbieron una comprensión de los hechos de tal modo que aumentaron sus reservas de conocimientos bíblicos. Recibieron *información,* pero no recibieron *discernimiento.* Este había de llegar posteriormente.

Veamos el versículo 13 del capítulo 8:

> Al día siguiente se reunieron los cabezas de las familias de todo el pueblo, sacerdotes y levitas, a Esdras el escriba, para entender las palabras de la ley.

Los cabezas de familia (los padres) y los líderes religiosos (sacerdotes y levitas) se reunieron con Esdras para lograr el discernimiento de la Palabra de Dios.

La palabra "entender" se tradujo de un término hebreo que significa "ser prudente", es decir, ser sabio, tener previsión. La idea es la de ser penetrante, perspicaz, en el manejo de los asuntos diarios de cada uno. Ahí entran el discernimiento y un conocimiento agudo.

El discernimiento es un rasgo esencial de los líderes. El líder tiene que tener la capacidad de ver un gran cuadro, proyectarse en el porvenir de cualquier empresa, representarse mentalmente el resultado de un plan. Ningún líder puede quedarse pegado al día de hoy. Tiene que ver el resultado de su "ahora" por adelantado.

Por favor, conviene recordar que un inmenso conocimiento de los hechos bíblicos no es garantía de discernimiento. Se nos puede enseñar la verdad sistemáticamente, versículo por versículo, año tras año, y a pesar de ello, puede que no logremos el discernimiento. Es lamentable, pero cierto.

¿Recuerda usted a los doce discípulos que ayudaron a servir el pan y los peces a más de cinco mil personas? Este es el único pasaje que se encuentra en todos los cuatro Evangelios. Jesús realizó ese milagro para que sus discípulos comprendieran que El tenía poder en toda circunstancia de la vida. Usted pensaría que ellos habrían aprendido una invalorable lección al observar que los panes y los peces se multiplicaron en las manos de El. Pero no la aprendieron.

Sólo unas pocas horas después, Jesús los mandó a que tomaran una barca (sin El) y cruzaran el mar de Galilea. Se presentó una tormenta que de veras los asustó. Estaba oscuro y las nubes amenazaban terriblemente. Pronto descubrió Cristo que se olvidaban muy pronto. En cuanto olvidaron la lección del día anterior, el pánico se apoderó de ellos. En Marcos 6:51, 52 se nos dice todo:

> Y subió a ellos en la barca, y se calmó el viento; y ellos se asombraron en gran manera, y se maravillaban. Porque aún no habían entendido lo de los panes, por cuanto estaban endurecidos sus corazones.

¿No habían comtemplado personalmente a Cristo y su milagro? Sí. ¿No habían oído su enseñanza de que El es "el Pan de vida"? Claro que sí. Habían recibido la *información* superficial, pero no el *discernimiento.*

Una cosa es conocer la teoría sobre algún trabajo, tener los suficientes conocimientos sobre el manejo adecuado, dirigir a la gente y lograr los objetivos. Pero otra cosa, completamente diferente, es portarse uno con discernimiento, dirigir a la gente con discernimiento.

Durante unos cinco años trabajé en un taller mecánico, primero como aprendiz y finalmente como trabajador mecánico. Uno de mis jefes de taller era un hombre que conocía el oficio de mecánico como la palma de su mano. Experimentado durante más de 30 años, su conocimiento en este campo era inmenso. Pero tenía poco discernimiento. Carecía de sabiduría y previsión al tratar con los hombres que trabajaban bajo su dirección. Esto condujo a numerosos conflictos y a una gran movilización de personal en su departamento. Ningún hombre del taller sabía más que él acerca del oficio, ni menos que él en dirigir a otros en las asignaciones prácticas para lograr que se cumpliera el trabajo.

EN BUSCA DEL DISCERNIMIENTO

Puesto que está claro que el discernimiento es una virtud valiosa que deben poseer los líderes, pensemos en cómo se adquiere.

En Nehemías 8:13-15 hay tres ideas específicas sobre cómo lograr el discernimiento. Para comenzar, *se necesita tiempo.* Nadie se hace sabio de repente. En Salmo 119:100, David declaró que uno no necesita ser viejo para tener entendimiento. Pero usted y yo tenemos que comprender que no existe el discernimiento instantáneo. Ningún novicio en la vida cristiana tiene un profundo discernimiento. Usted notará en el versículo 13 del capítulo 8 de Nehemías, que ellos regresaron a Esdras el segundo día. Esa es una buena indicación de que uno no puede lograr el discernimiento en el primer encuentro.

Yo descubrí algo más aquí. Para buscar el discernimiento, no sólo se necesita tiempo; *se necesita gente apropiada.* Volvamos otra vez al versículo 13. Estos hombres acudieron a un individuo, Esdras, para buscar el discernimiento de él.

A menudo recuerdo con gran deleite mis días que pasé como pasante pastoral. Eso ocurrió entre el segundo y el tercer año en el Seminario Teológico de Dallas, Texas, Estados Unidos

de América. Ray Stedman, pastor de la Iglesia Bíblica de la
Península en Palo Alto, California, nos había invitado a mi esposa Cynthia y a mí a pasar el verano de 1961 en esa iglesia.
Una de mis metas era la de lograr el conocimiento cómo fun-
ciona una iglesia. También había estado orando para que Dios
me permitiera codearme con algunos hombres sabios y piadosos. Sin comprenderlo, lo que yo estaba buscando era lograr el
discernimiento como líder joven.

En varias ocasiones tuve el privilegio de pasar tiempo con el
doctor Dick Hillis, ex presidente de las Cruzadas a Ultramar.
A través de estos encuentros con él, espigué algunos "trozos"
de discernimiento. Lo mismo ocurrió como resultado de largas
entrevistas con Bob Smith, pastor asociado de Ray Stedman
durante muchos años. ¡Qué ricos recuerdos son estos! No
puedo recordar ninguno de los "hechos" que estos hombres me
enseñaron, pero los discernimientos que logré aún influyen en
mi pensamiento. Como dicen los escoceses: "Fue más lo que
sentí que lo que oí".

Debemos mencionar un tercer aspecto al considerar la búsqueda del discernimiento: *se necesita la actitud adecuada.* El
versículo 13 menciona a los "cabezas de familias de todo el
pueblo, sacerdotes y levitas". Estos se reunieron para oir a Esdras. Estoy seguro de que algunos de ellos eran mayores que
él; algunos eran abuelos, otros eran escribas. Estos hombres
eran del rango de Esdras; sin embargo, dijeron: "Enséñanos"
Realmente querían aprender.

Parte de la riqueza que Dios tiene para nosotros nos vendrá
a través de nuestros iguales, pero nuestra actitud tiene que ser
adecuada.

Al discutir lo relativo a la actitud, me acuerdo de una joven
pareja que tenía varios hijos pequeños. Estos asistieron recientemente a una conferencia familiar en la cual tuve el privilegio
de hablar. Aunque daban la apariencia de ser una familia cristiana, se notaba que sus vidas eran miserables. Estoy convencido de que el divorcio lo tenían metido en algún rincón de sus
mentes. Sin embargo, a medida que avanzó la semana, yo observé el cambio en la pareja, mientras ellos se sentaban a oir la
enseñanza de la Palabra de Dios.

Otro de los conferenciantes, Olan Hendrix, habló por las mañanas sobre la formación del hombre de Dios, y sus mensajes parecían compaginar bellamente con los comentarios que yo hacía en las sesiones de la noche sobre "Discernimientos de la Vida Familiar". Allí hablé sobre cosas pertinentes a las relaciones marido-mujer, padres-hijos.

A medida que el tiempo iba pasando, el padre se iba aferrando a cada palabra. La madre tenía su Biblia abierta y buscaba con nosotros pasaje tras pasaje. El último día de la conferencia familiar, la joven pareja se acercó a mi esposa y a mí, y nos dijeron: "Queremos que ustedes sepan que esta semana hemos tenido una experiencia que nos ha producido un cambio de 180 grados. Cuando llegamos aquí, estábamos listos para separarnos. Ahora, al regresar, nuestro matrimonio está más fortalecido que nunca". Ahora bien, esta es la clase de cosas que hace que uno levante los brazos y diga: "¡Aleluya!" Pero así como hay este hecho confortador, también los hay desgarradores.

En la misma conferencia, con los mismos conferenciantes, las mismas verdades, el mismo ambiente, el mismo programa, hubo otro padre que salió desalentado. No tenía una disposición abierta. Asistió a las primeras sesiones, pero poco a poco la culpa se le hizo tan grande y la convicción tan profunda que regresó a su hogar. Había permanecido insomne toda la noche anterior, y por tanto, hizo la decisión de marcharse y no volver más. Su familia se fue herida, incluso más que cuando llegaron. ¿Cuál fue la diferencia? La actitud.

Algunas personas acuden a los cultos de la iglesia, y éstos no les hacen nada. En efecto, los desalientan. Otros no pueden lograr lo suficiente. Son simplemente como esponjas: cada vez se hacen más grandes *espiritualmente*. Logran más del Agua de la Vida y crecen más y más. Yo las veo y pienso: "¡Hombre, esto no tiene fin! ¡Esto es lo más emocionante de mi vida!" ¿Cuál es la diferencia? La actitud. Tienen un espíritu manejable. El terreno ha sido preparado y su corazón está dispuesto. Dicen: "Bienvenido, Señor. Háblame". Y cuando Él habla, ¡qué cambio tan notable se produce!

Pero la persona que tiene una actitud obtusa, un corazón cerrado, nunca logrará el discernimiento, hasta que cambie la actitud interna. Cuantos más años vivo, más valor le concedo a la actitud.

Repasemos antes de proseguir. Para lograr el discernimiento, los líderes necesitan *tiempo*. Tiempo para pensar, para meditar, para empaparse de toda la escena. Luego, necesitan estar con las *personas adecuadas*. El discernimiento pasa a menudo de una vida a otra. Finalmente, el discernimiento viene cuando mantenemos la *actitud* debida: una mente abierta y manejable. Estas tres cualidades en conjunto ayudarán a hacer de usted un líder único.

LOS RESULTADOS DEL DISCERNIMIENTO

Cuando nos metemos bajo la superficie de los hechos y comenzamos a transitar por el reino de la verdad a fondo, usualmente ocurren dos cosas: (1) andamos en obediencia total; y (2) descubrimos la felicidad genuina.

Los líderes del tiempo de Nehemías experimentaron las dos cosas. Lea usted por su propia cuenta los últimos versículos del capítulo 8. Si usted es capaz de representarse mentalmente la escena, terminará sonriendo.

Dios les dijo que se fueran a vivir en tabernáculos. Esos hombres inteligentes y crecidos —todos líderes respetados— deberían salir para buscar ramas. ¡Imagínese! Pero debido a su obediencia, construyeron y vivieron en tabernáculos tal como Dios les había pedido.

¿Puede usted ver a Sanbalat y a Tobías de pie fuera del muro? Todos van saliendo a buscar ramas y palmas.

Los enemigos preguntan:

—¿A dónde van?

—Tenemos que ir a buscar ramas.

—¿A buscar qué?

—A buscar algunas ramas.

—¿Para qué?

—Para hacer cabañas.

—¿Van a buscar ramas para hacer cabañas?

—Sí. Vengan, muchachos. Aquí hay algunas ramas y quiero que de regreso lleven un brazado.

Poco después, ataron todas sus ramas y regresaron a la ciudad. El viejo Sanbalat está aún mirando por encima del muro, pensando en todo esto. Hay por allá un tipo que está levantando un cobertizo, ¡y no es nada hermoso! Esas cabañas parecían como montones de basura, y estaban esparcidos por toda la ciudad de Jerusalén.

Sanbalat tuvo que haber movido asombrado su cabeza y murmurado: ¡Qué horror! No sólo construyen muros asquerosos; ¡tampoco pueden construir casas! Miren esas miserables cabañas". Pero sin importar lo extraño que parecía, el pueblo obedeció.

Cuando Dios le da a uno discernimiento (no sólo conocimiento), uno dice: "Señor, encárgate tú. No hay nada en mi vida que sea privado. Aquí están las llaves". Como resultado del discernimiento, viene la obediencia total y sin reservas.

Veamos lo que dice Nehemías 8:17:

> Y toda la congregación [nadie se rehusó] que volvió de la cautividad hizo tabernáculos, y en tabernáculos habitó; porque desde los días de Josué hijo de Nun hasta aquel día, no habían hecho así los hijos de Israel . . .

Ellos obedecieron. Aquellos hombres dijeron: "Dios dice que construyamos tabernáculos, es decir, cabañas; de modo que nosotros construiremos tabernáculos.

Y aunque parezca sorprendente, aquella gente se sentía más feliz que nunca. "Y hubo alegría muy grande", escribió Nehemías. Yo no puedo explicar cómo sucede eso; pero cuando uno hace lo recto, se siente feliz. Cuando uno hace lo malo, puede obtener muchísimo dinero, pero se siente miserable. ¿No es ese hecho notable? ¿Cómo podía una familia vivir felizmente en una pequeña cabaña? Estaban felices porque habían obedecido. Desde que los padres de las casas habían logrado discernimiento como líderes, obedecieron al Señor completamente. Y Dios les dio felicidad.

Digamos la verdad, un jefe común y corriente se encuentra a montón a centavo. Las personas con autoridad sobre los demás se hallan en abundancia. En toda corporación grande, organización o unidad militar, hay los que dan órdenes y exceden en rango a la mayoría. Pero pocos de ellos son líderes dotados de discernimiento, es decir, de perspectiva, sabiduría o una profundidad de conocimiento. Con esta sola cualidad que se manifieste en usted como líder, ¡usted será algo distinto!

Créame, el liderato con discernimiento se puede lograr. Nehemías lo tuvo. Esdras también. Pero ellos no tenían comprada esta virtud. Ninguno la tiene comprada. Está a disposición de todos los que quieran pagar el precio.

El discernimiento no sólo nos da una perspectiva sobre lo pasado y nos capacita para enfrentarnos con confianza y visión al futuro; sino que también nos dará una honesta comprensión de *nosotros mismos,* especialmente en las prioridades. En efecto, mi siguiente capítulo se dedica a todo lo relacionado con las prioridades.

doce

Primero lo primero

Hace algún tiempo, un industrial californiano se dirigió a un grupo de ejecutivos en un seminario sobre liderato. Su tema se relacionaba con la motivación para los empleados: Cómo lograr que se haga el trabajo y a la vez mantener el entusiasmo y la dedicación del personal. Ofreció muchos consejos útiles, pero un concepto en particular se me grabó en la mente: "Hay dos cosas que son muy difíciles de lograr que la gente las haga: pensar . . . y hacer las cosas en orden de importancia".[23]

Tal concepto toca el mismo centro nervioso del liderato. ¡Qué difícil es hallar a una persona que realmente piensa primero, y luego actúa! La mayoría de nosotros usualmente hacemos lo opuesto. Igualmente difícil es la tarea de ayudar a las personas a mantener sus propias prioridades y usar del tiempo sabiamente. El líder no sólo lucha buscando las maneras de ayudar a otros a pensar y poner primero lo que es primero; sino que lucha para ponerlo *él mismo* en práctica. Sin embargo, cuanto mejor pueda mantener estas dos disciplinas, tanto mejor dirigirá.

Me agrada mucho la historia de Nehemías puesto que él fue

155

un hombre que pensó antes de actuar y sabía cuáles eran sus prioridades.

HAY QUE DEDICAR TIEMPO A PENSAR

Como usted recordará, Nehemías no llevó a un grupo de personas a Jerusalén e inmediatamente les ordenó que comenzaran a pegar ladrillos y a levantar el muro. Pasó cuatro meses primero en meditación ininterrumpida. Llegó a vivir de la visión antes de compartirla con ninguna otra persona. Reflexionó con detenimiento en esa visión delante de Dios. Sólo entonces fue cuando entró en la ciudad y comenzó a construir el muro.

Cuando le llegó la oposición, él no tomó represalias al momento; en vez de eso, se dedicó a pensar. Hizo planes ante Dios del modo de manejar la interrupción o la oposición, y luego actuó con sabiduría. Cuando llegó el tiempo de desarrollar el plan para un estilo de vida justo, lo que llamaríamos un buen gobierno, no se lanzó de inmediato a ello. Primero pasó algún tiempo *pensando.* Y el pueblo, aparentemente para imitar el enfoque reflexivo ejemplificado por Nehemías, también acudió a Dios en oración. Su oración, la más larga que se registra en la Biblia (Nehemías 9:5-38), reveló su absoluto arrepentimiento y confianza en Jehová. Después de un largo período de pensar, planificar y reflexionar, llegaron a una conclusión, que se halla expresada en el último versículo de esa oración. Antes de echar una mirada a la conclusión, reflexionemos en lo que significa pensar.

Pensar es un trabajo arduo. No se engañe usted mismo. Salir con un buen plan usualmente es mucho más difícil que desarrollarlo. Los líderes que no planifican cuidadosamente y disparan desde la cadera, no dan en el blanco, ¡y mientras disparan hieren a otros!

Las esposas buscan maridos que piensen y mediten completamente su filosofía sobre el hogar y la familia. Pocas cosas son más frustrantes que tratar de complacer a un hombre que no ha declarado lo que quiere. He aquí algunas cosas en las cuales los hombres debemos meditar profundamente:

- ¿Cuáles son las metas de nuestro hogar?
- ¿Cuál es el mejor modo de inculcar nuestras convicciones cristianas?
- ¿Dónde viviremos? ¿Por qué?
- ¿Cómo debemos tratar de ganar a nuestros vecinos y amigos para Cristo?
- ¿Por qué queremos tener niños?
- ¿Qué podemos hacer para ayudar a cada hijo a fin de que llegue a estar confiado y satisfecho?
- ¿Qué métodos de disciplina debemos emplear?
- ¿Qué queremos hacer en nuestras vacaciones?
- ¿Hasta dónde debemos comprometernos en la iglesia? ¿En los asuntos civiles? ¿En el atletismo?
- ¿Cuáles son nuestras convicciones respecto a la música?
- ¿Cómo debemos cultivar una estrecha relación marido-esposa?
- ¿Qué principios debemos seguir respecto a las citas de los adolescentes?

¡Estos pensamientos son trabajo arduo! Pero qué diferencia se notaría en la dirección de su hogar, si usted pensara detenidamente en estos puntos.

Otro grupo de preguntas pudiera elaborarse respecto a su liderato en el trabajo. Cualquier cosa que valga la pena hacerla, es bueno dedicar tiempo para hacerla bien.

El pensar incluye la oración y la quietud. A menudo hemos visto a Nehemías de rodillas. Oró por asuntos vitales. Así tenemos que hacer nosotros. También lo hemos visto quieto, silencioso, pensando completamente sus planes. ¡Qué importante fue eso! Libres de apresuramiento y pánico, los planes deliberados de Nehemías dieron a otros un sentimiento de confianza. Los frecuentes cambios de último momento, las decisiones apresuradas, irritan a los que las siguen. Temen que las consecuencias los afecten.

El pensar exige proyectar. Al repasar y pensar por completo un plan, el líder puede viajar por su proyectado sendero inteligentemente y hacer frente a lo que inevitablemente traerá lo futuro, mientras aún se halla seguro.

Jesús habló sobre la sabiduría que hay en pensar por adelantado y planificar, de la siguiente manera:

> Porque ¿quién de vosotros, queriendo edificar una torre, no se sienta primero y calcula los gastos, a ver si tiene lo que necesita para acabarla? No sea que después que haya puesto el cimiento, y no pueda acabarla, todos los que lo vean comiencen a hacer burla de él, diciendo: Este hombre comenzó a edificar, y no pudo acabar. ¿O qué rey, al marchar a la guerra contra otro rey, no se sienta primero y considera si puede hacer frente con diez mil al que viene contra él con veinte mil? (Lucas 14:28-31).

Los dirigentes que esperan ser respetados y seguidos, ante todo y sobre todo tienen que ser *pensadores*.

HAY QUE DOCUMENTAR LAS PRIORIDADES

Cuando consideramos la historia de Nehemías, vemos que el pueblo estaba ansioso de alterar sus vidas. Es decir, estaban determinados a hacer las cosas según su orden de importancia. Lo primero debía ser lo primero. El pueblo estaba recordando su pasado y le estaba diciendo al Señor: "Como hemos pensado todas estas cosas delante de ti, Padre nuestro, queremos establecer algunas prioridades. Queremos llevar a cabo un acuerdo por escrito". De estas prioridades se nos habla en el capítulo 9 de Nehemías. En este largo capítulo se nos dice que las personas derramaron sus almas delante de Dios. Verbalmente declaran su dependencia. En efecto, desarrollan un nuevo orden de prioridades, que se establecen en un documento escrito:

El documento:

> A causa, pues, de todo esto, nosotros hacemos fiel promesa, y la escribimos, firmada por nuestros príncipes, por nuestros levitas y por nuestros sacerdotes (Nehemías 9:38).

¿Comprende usted lo que hicieron? Con toda seriedad querían poner primero lo primero. Las firmas acompañaron este documento sellado (Véase Nehemías 10:1-27) para que todos supieran que ellos hablaban en serio. Como usted ve, el asunto de establecer las prioridades es sumamente importante. Desafortunadamente, muchos de los que leen esto afirman con un movimiento de la cabeza indicando que están de acuerdo, pero de ahí no pasan.

Los iguales a Nehemías oraron: "Señor, no queremos que esto sea una serie simple y vacía de palabras. Queremos que sea una promesa que quede fija. Declaramos nuestra dependencia a ti. ¡Firmaremos para probar que cumpliremos nuestra promesa!"

Antes de proseguir con las promesas que ellos hicieron en este documento, descubramos algo respecto a los que firmaron el documento. Si usted echa una mirada a Nehemías 10, descubrirá una lista de 84 nombres. El nombre de Nehemías aparece primero. Luego aparecen los nombres de 22 sacerdotes (versículos 1-8); 17 levitas (versículos 9-18); y otros 44 que fueron llamados cabezas de las familias (versículos 10-27).

Más importantes que los simples nombres es, sin embargo, que lo que dice el versículo 28 se cumplió también respecto a cada uno de los nombres que aparecen en el documento:

> Y el resto del pueblo, los sacerdotes, levitas, porteros y cantores, los sirvientes del templo, y todos los que se habían apartado de los pueblos de las tierras a la ley de Dios, con sus mujeres, sus hijos e hijas, todo el que tenía comprensión y discernimiento.

Conocemos dos cosas que caracterizan a las personas cuyos nombres aparecieron en la petición: (1) se habían separado de todos los paganos y de su estilo de vida; y (2) tenían comprensión de lo que estaban haciendo. Esto nos indica que no hubo niños pequeños que firmaran el acuerdo. Ellos no hubieran sido capaces de entender. También nos dice que para firmar un documento, la persona tenía que entender que por el hecho de que apareciera su nombre allí venía a significar que tendría que ser especial y distinta a los paganos que la rodeaban.

Usted debe prestar atención en particular a una parte del versículo 28:

> . . . y todos los que se habían apartado de los pueblos de las tierras a la ley de Dios, con *sus mujeres, sus hijos e hijas* . . .[las cursivas son mías]

Esto se refiere, supongo, al grupo de personas que clasificaríamos como "de 20 y menores de 20 años". Aunque los nombres de algunos hijos e hijas aparecieron en el documento, no se escribieron todos los nombres. El versículo 28 comienza con las palabras: "Y el resto del pueblo . . ." Además de estos, hubo otros que estaban dispuestos a decir: "Vamos a ser individuos distintos y nos preocuparemos en cuanto a la conformidad con las cosas que realmente pertenecen a la vida". Me refiero a que disponían primero las cosas que van primero, *sin tener en cuenta* la situación.

¿Por qué era importante para ellos hacer esto? Porque ellos erigieron un monumento escrito ese día. Se convirtió en un punto de reunión. El documento decía, en efecto: "Esta es nuestra promesa a ti, oh Dios. Esta es nuestra constitución, nuestra declaración de distinción. No nos importa si cualquier otra persona del mundo vive en conformidad con esto. Nosotros sí viviremos. Este documento será nuestro guía. Nuestros hogares serán distintos. Nuestra filosofía de la vida no será como la de los que viven fuera de estos muros, ni siquiera como la de algunos que viven dentro de los muros de la ciudad. Esto es algo, Señor, que queremos ofrecerlo ante ti".

Antes de discutir las promesas reales que el pueblo hizo, consideremos esto de *documentar* nuestras prioridades.

Como ministro que soy del Evangelio, uno en matrimonio a unas cuarenta parejas por año. Esto significa que se establecen muchos nuevos hogares. Para mí sería fácil simplemente ponerme de pie junto a ellos, decirles unas pocas palabras religiosas gastadas, declararlos marido y mujer, y salir silbando: "Aquí va la novia". Pero he determinado no hacer así.

Antes de unir en matrimonio a cualquier pareja, exijo que tengan conmigo por lo menos tres sesiones de consejo premarital. Entre otras cosas, les pido que comiencen a formular sus prioridades como pareja. Les pido que las escriban, que *documenten* sus prioridades, las cuales leo durante la ceremonia de bodas y ocasionalmente me refiero a las palabras de sus promesas. Luego les pido que en su aniversario de bodas todos los años oigan una cinta magnetofónica de su ceremonia de bodas. Esto es con la esperanza de que este ejercicio anual reforzará algunas cosas específicas que ayudarán a cada pareja a determinar si aún marchan hacia la meta. El mismo procedimiento pudiera seguirse con respecto a la educación universitaria, en el establecimiento de negocios o al emprender cualquier gran proyecto. Cuando las prioridades están escritas no se hacen vagas ni nebulosas.

Las promesas. En Nehemías 10:29 hay una promesa general de *obedecer* lo que Dios había dicho. En el versículo 30, el pueblo dijo específicamente que obedecerían en sus *hogares.*

Eso realmente tiene sentido. Estaban rodeados por tribus y pueblos paganos que marchaban con un ritmo diferente. Lo más fácil del mundo para ellos hubiera sido perder su distinción como "el pueblo de Dios". Por ello, la cabeza de cada familia prometió:

> . . . que no daríamos nuestras hijas a los pueblos de la tierra, ni tomaríamos sus hijas para nuestros hijos (versículo 30).

Lo que ellos dijeron, en efecto, fue lo siguiente: "No nos encogeremos de hombros, bostezaremos y diremos: No nos importa que nuestros hijos quieran mezclarse con cualquier clase de gente". Los líderes distinguidos y respetables tienen hogares así mismo distinguidos y respetables.

Lo que quiero dejar bien en claro es lo siguiente: Cuando la moral de una nación está bajo presiones, el hogar es el primero que sufre. El predicador Billy Graham dice lo mismo de la siguiente manera:

> La ley inmutable de la siembra y la cosecha ha dominado. Ahora somos los desventurados poseedores de la depravación moral y en vano buscamos una cura. La cizaña de la complacencia ha crecido por encima del trigo de la restricción moral. Nuestros hogares han sufrido . . . Cuando la moral de la sociedad está al revés, la familia es la primera que sufre. El hogar es la unidad básica de la sociedad y una nación sólo es tan fuerte como lo sean sus hogares.[23]

Si usted establece en un documento las prioridades para la vida, le sugiero que comience con el hogar.

Luego, los firmantes prometieron *portarse en los negocios* de forma obediente. El versículo 31 dice:

> Asimismo, que si los pueblos de la tierra trajesen a vender mercaderías y comestibles en día de reposo, nada tomaríamos de ellos en ese día ni en otro día santificado; y que el año séptimo dejaríamos descansar la tierra, y remitiríamos toda deuda.

Esta promesa no carecía de significado. Estos eran pueblos que tenían hambre y tal vez no tenían otro día para comprar y vender. Indudablemente ellos serían probados por los pueblos de otra cultura. Pero aún así dijeron: "Cuando comience el día de reposo, y veamos que los que quieren hacer negocios vienen por las colinas hacia Jerusalén, les diremos: 'No abrimos hoy. Hablaremos con ustedes mañana'. Y cuando llegue el séptimo año, dejaremos de sembrar y cosechar hasta el año siguiente. Cuando nuestro hermano tenga una deuda con nosotros, lo consideraremos como Dios quiere que lo consideremos. Remitiremos la deuda. Nuestros tratos serán honestos".

La distinción de un líder piadoso es que, cuando hace negocios, los hace con integridad. Cuando incluye la obra de un día, significa la obra de *un día*. Cuando tiene que llegar a cierto tiempo, es puntual. Cuando promete que no tomará lo que no le pertenece, no lo toca. Cuando hace la cuenta de gastos, no mete otras cosas para rellenar.

Keith Miller dice lo mismo de la siguiente manera:

> Nunca ha dejado de asombrarme el hecho de que los cristianos tenemos que desarrollar cierta clase de visión selectiva que nos permite estar profunda y sinceramente envueltos en las actividades de culto y de la iglesia y, sin embargo, somos totalmente paganos en las cosas diarias de nuestras vidas de negocios, y nunca lo comprendemos.[24]

En las cosas de la vida, Dios honra al individuo que lo honra a El. Tal decisión merece un lugar en la lista de prioridades de cualquier líder.

Los judíos habían declarado que pondrían primero lo primero en sus hogares y en sus negocios. Al siguiente día se dirigieron al *sitio de adoración*. En Nehemías 10:32-39 se mencionan nueve veces las expresiones "casa del Señor" y "casa de Dios". No es difícil saber cuál es el tema:

> Nos impusimos además por ley, el cargo de contribuir cada año . . . para el pan de la proposición . . . Echamos también suertes los sacerdotes, los levitas y el pueblo . . . que cada año traeríamos a la casa de Jehová las primicias de nuestra tierra, y las primicias del fruto de todo árbol . . . que traeríamos también las primicias de nuestras masas [comida ordinaria], y nuestras ofrendas, y del fruto de todo árbol . . . (versículos 32-35, 37).

El versículo 39 lo resume todo: "no abandonaremos la casa de nuestro Dios".

Ahora, ¡un momento! En este pasaje hemos dado prioridad al *lugar de adoración*. En el tiempo de Nehemías era el templo. Dios vivía allí. De modo que cuando ellos iban a la casa de Dios, llevaban todas estas cosas, porque ese era el lugar donde Dios moraba. Pero cuando Cristo nuestro Señor murió, el velo del templo se rompió en dos, se abrió de arriba a abajo. ¿Dónde vive Dios ahora? Aquí en la tierra vive en cada persona que es creyente en Cristo.

Una vez, cuando Agustín tuvo la tentación de volver a la vida antigua, se dijo: "Mira tonto, no te das cuenta de que llevas a Dios contigo". ¡Cuánta razón tenía él! La casa de Dios está precisamente *dentro de usted.* ¡Estoy hablando de un concepto que hace sobresaltar la mente! Hablo de remover las antiguas y sagradas divisiones seculares de la vida. Estoy diciendo que el lugar de suprema prioridad en estos versículos es el hombre interno, donde reside Jesucristo, donde el Espíritu Santo ha hecho su templo. Pablo expresa esto claramente:

> ¿O ignoráis que vuestro cuerpo es templo del Espíritu Santo, el cual está en vosotros, el cual tenéis de Dios, y que no sois vuestros? Porque habéis sido comprados por precio; glorificad, pues, a Dios en vuestro cuerpo. . . (1 Corintios 6:19, 20).

¿Tiene usted descuidado el templo? En los días de Nehemías, el templo no era un lugar por el cual simplemente la gente pasaba y decía: "¡Magnífico! Dios vive allí. ¿Ha entrado usted allí últimamente?" Era el lugar donde adoraban con gran cuidado y con espíritu sensible y delicado. ¿Cómo trata usted la casa de Dios?

Tengo otra pregunta: ¿Está su templo limpio? Usted no intentará comunicar principios distintivos de liderato procedentes de un recipiente sucio, ¿verdad? Los hábitos que dañan su salud obstaculizarán su impacto y confundirán a los que miran hacia usted en busca de dirección.

Las prioridades son más bien convincentes. ¿No es verdad?

PRINCIPIOS CLAVES QUE HAY QUE RECORDAR

De estos versículos del capítulo 10 de Nehemías, espigo algunos principios que son muy sencillos, pero que cambian la vida.

El primero es que la *meditación seria precede a cualquier cambio significativo*. Uno nunca cambia aspectos de la vida en los cuales no ha pensado seriamente. Necesitamos programar algunos momentos de quietud en nuestras vidas, momentos para pensar y reflexionar.

Cuando uno ve a una persona que ha cambiado de lo que era el año anterior, y le pregunta: ¿Cómo ocurrió eso? la persona no contestará nunca: "¡Simplemente ocurrió! Es maravilloso. ¡Incluso a mí me sorprendió! No hice planes para que sucediera eso. Simplemente cambié". En vez de eso, dirá: "Me alegro mucho de que usted me lo pregunte". Y luego procederá a describir lo que Dios hizo: En primer lugar, en segundo lugar, luego, por último. Los cambios vienen pisando los talones a la honesta meditación sobre nuestras vidas.

En segundo lugar, *los planes escritos confirman las adecuadas prioridades*. ¿Quiere usted realmente mantener las adecuadas prioridades? ¡Escríbalas! Sugiero que usted comience a llevar un diario. Tal vez ya tenga usted algunas ideas que le están flotando en la cabeza, pero es necesario fijarlas. Hace años aprendí que los pensamientos se desenmarañan cuando los expresamos o los escribimos. Los pensamientos de usted son buenos, pero están enmarañados ya que no han sido meditados suficientemente ni se han escrito. Su potencial para colocar primero lo que es primero nunca le vendrá mientras usted no escriba algunas cosas vitales, palabra por palabra.

En tercer lugar, *la pérdida de la distinción y la conformidad con el mundo van de brazo*. ¿Usted quiere saber hoy si se ha conformado a este mundo o no? Verifique su distinción. Con esto no quiero decir que debe verificar su estilo de vida religioso. Quiero decir que verifique su autenticidad en comparación con el cristianismo del Nuevo Testamento. Examine su vida, su hogar, su trabajo, su culto; y luego pregúntese: "¿Soy realmente distinto? ¿Pudiera una persona ver mi yo real y ver el mensaje de Dios en mí?"

Los dirigentes que han significado más para mí en mi vida son aquellos que son personas auténticas. Son hombres y mujeres que han pensado antes de actuar, que han colocado primero lo primero, y que han mantenido su distinción como cristianos: sean damas o caballeros. Doy gracias a Dios por todos los recuerdos que tengo de ellos.

Piense usted. Luego, haga las cosas que deben hacerse según su orden de importancia. Las personas acuden a los líderes que viven en conformidad con esa filosofía. Así lo hice yo. Y por haber hecho eso, nunca volveré a ser el mismo.

trece

Los voluntarios desconocidos

El bicentenario de los Estado Unidos de América fue una experiencia inolvidable. En 1976, mi esposa y yo tomamos parte en un viaje de turismo durante dos semanas, por la costa oriental, y nos sentimos emocionados al visitar los sitios inmortales donde se meció por primera vez la cuna de esta nación. Los monumentos memoriales, edificios y puentes, pueblos y tumbas, parecían hablar elocuentemente desde el pasado. Los nombres de los grandes hombres de estado se nos hicieron familiares: George Washington, Thomas Jefferson, Benjamín Franklin, Patrick Henry. Quedamos para siempre endeudados con ellos por su magnífica dirección y su celo patriótico.

Pero hay también otro grupo de nombres y rostros que igualmente merecen nuestra alabanza. Son las luces menores, los héroes olvidados, los desconocidos, los "anónimos" que pavimentaron el camino para los "renombrados". Sin estos voluntarios desconocidos, ningún líder puede jamás realizar su vocación. Pero cuán fácil es olvidarlos.

Eso se me clavó en la mente de una manera penetrante un día cuando mi familia y yo íbamos en nuestro carro por la costa californiana de San Francisco a Los Angeles. Mientras viajábamos, disfrutábamos del estrépito del oleaje por la derecha y de las remotas montañas por la izquierda; nos reíamos, cantábamos y nos divertíamos. Fue una de aquellas deleitosas oportunidades en que las familias numerosas gozan conjuntamente.

No pasó mucho tiempo, sin embargo, para que las cosas permanecieran tranquilas. Cuando la carretera nos llevó por encima de una colina, vimos literalmente millares de pequeñas cruces blancas firmes y en perfecta formación militar. Nuestro hijo menor se inclinó hacia mí y me preguntó: "Papá, ¿qué es eso?" Casi sin pensar, contestó: "Hijo, eso es un cementerio militar, un lugar donde han sepultado a hombres y mujeres que han muerto en batalla. Pocas personas los recuerdan, hijo; pero ellos son la razón por la cual hoy somos libres". Abrió los ojos inmensos mientras miraba en silencio hacia aquella ladera.

Todo en el carro quedó muy quieto. Bajé la velocidad y miramos mientras íbamos pasando. Confieso que tuve que pasarme un gran nudo que se me formó en la garganta y se aferraron en mi mente las palabras de John McCrae. Este fue un poeta que escribió estos pensamientos para expresar el punto de vista que los muertos expresan a los vivos:

En los campos de Flandes soplan las amapolas
Entre las cruces, de fila en fila forman olas.
Eso indica nuestro lugar; y en el cielo
Las alondras, con valentía aún cantando, alzan el vuelo.

Al continuar conduciendo, pensé lo cierto que es eso en realidad. Las cruces están en filas. Las alondras vuelan cerca. Los carros pasan velozmente. De vez en cuando, los muertos desconocidos tienen que decir: "No nos olviden. Somos la razón por la cual ustedes pueden ir en el carro y vivir y moverse libremente en esta gran nación". Allí yacen, los voluntarios desconocidos.

Dos peligros están al acecho en las sombras del liderato. Uno es la *renuencia* por parte del líder a llegar a ser virtualmente desconocido, olvidado y pasado por alto en la realización de su objetivo. El segundo es la *negligencia* de los líderes fuertes y naturales para reconocer a otros que realmente merecen crédito. El segundo peligro es el que quiero destacar vigorosamente en este capítulo; pero antes de hacer eso, dediquemos tiempo a considerar el primero.

Voy a pedirle a usted que le haga al Señor la promesa de ser, si es necesario, absolutamente desconocido en su posición influyente. Así son los líderes grandes y piadosos. Si usted desea fama y reconocimiento, muy probablemente no logrará ser líder, y sus esfuerzos quedarán sin recompensa por toda la eternidad. Eso no es una amenaza; es una promesa.

¿Recuerda usted lo que Jesús nos enseñó?

> Guardaos de hacer vuestra justicia delante de los hombres, para ser vistos de ellos; de otra manera no tendréis recompensa de vuestro Padre que está en los cielos (Mateo 6:1).

Y con palabras aun más fuertes, El declaró:

> Sabéis que los gobernantes de las naciones se enseñorean de ellas, y los que son grandes ejercen sobre ellas potestad. Mas entre vosotros no será así, sino que el que quiera hacerse grande entre vosotros será vuestro servidor, . . . como el Hijo del Hombre no vino para ser servido, sino para servir, y para dar su vida en rescate por muchos (Mateo 20:25-28).

Todos podemos nombrar dirigentes que llegaron a ser casi oscuros con el objeto de lograr que se hiciera una tarea. Eso nos parece extraño como ciudadanos del siglo 20, pero Dios está dispuesto a bendecir a líderes únicos que genuinamente no se preocupan por quién recibe la gloria. Tales líderes son sumamente raros, pero es bello encontrarse uno con unas pocas personas notables que no tienen que ser superestrellas; voluntariamente permanecen desconocidos y son auténticos servidores.

COMO IDENTIFICAR A LOS DESCONOCIDOS

Ahora consideremos el otro lado de la moneda: cómo dar crédito a los muchos desconocidos que se deleitan en cubrir las posiciones de apoyo para que la obra sea realizada. Hay varias personas de esta clase que aparecen en el capítulo 11 del diario de Nehemías, un capítulo que pudiéramos titular "El Campo

de Flandes" de la Biblia. Allí hallaremos las cruces de personas desconocidas (y de nombre impronunciable), oscuras y ol-
vidadas. Pero representan una fuerza masiva que hace que la
Palabra de Dios sea emocionante. Usted no puede, sin embargo, apreciar los nombres y las personas de Nehemías 11, si no
sabe la razón por la cual aparecen allí. Nehemías 7:1, 2 es un
pasaje que ofrece un pequeño marco de información:

> Luego que el muro fue edificado, y colocadas las puertas, y
> fueron señalados porteros y cantores y levitas, mandé a mi her-
> mano Hanani, y a Hananías, jefe de la fortaleza de Jerusalén
> (porque éste era varón de verdad y temeroso de Dios, más que
> muchos).

Los nombres de estos dos hombres no son conocidos y no se
dice nada más de ellos. Pero ellos están entre los desconocidos.
Fueron los delegados que pusieron en práctica los deseos de
Nehemías, el gobernador.

Luego, el versículo 3 dice que Nehemías estableció un programa para la ciudad:

> . . . y les dije: No se abran las puertas de Jerusalén hasta que ca-
> liente el sol; y aunque haya gente allí, cerrad las puertas y atra-
> cadlas. Y señalé guardas de los moradores de Jerusalén, cada
> cual en su turno, y cada uno delante de su casa.

Así que había un sistema de seguridad. Se había establecido
una fuerza de policía y se estaba manteniendo, y había comenzado alguna forma de vida normal. La ciudad tenía todo,
excepto el ingrediente más importante: el pueblo.

Veamos el versículo 4:

> Porque la ciudad era espaciosa y grande, pero poco pueblo
> dentro de ella, y no había casas reedificadas.

Recordemos los versitos que usted usaba cuando era pequeño. ¿Recuerda cómo usted ponía juntas las manos?

> Esta es la iglesia, y ésta su torre refulgente;
> ¡Abra la puerta, y vea toda la gente!

Supongo que similares versitos hubieran podido colocarse
en la principal entrada a Jerusalén:

> Este es el muro, y ésta la ciudad de Sion;
> Abra la puerta, ¡ay! ¡qué compasión!

No había gente. ¿Para qué construir un muro alrededor de los escombros? Porque para los judíos, Sion tenía que ser honrada. Era el lugar en que se había realizado la delicada obra por mano de Dios en las vidas de su pueblo escogido.

¿Por qué no hay mucha gente en la ciudad de Jerusalén? Ante todo, la ciudad había estado sin muro durante 160 años. Si mis cálculos no me fallan, los judíos pasaron 70 años en cautividad, y otros 90 años estuvieron ausentes de la ciudad antes que Nehemías apareciera en el escenario. Así que durante más de 160 años, Jerusalén fue sólo un poco más que una pila de escombros, un gran "basurero". Si usted hubiera vivido allá, hubiera sido presa de todos los enemigos. ¿Entonces, qué había hecho la gente? Se habían construido hogares espaciosos, amueblados con derroche en los suburbios. La mayoría de los judíos se habían olvidado de la vida urbana.

La otra razón que explica la falta de gente en la ciudad era el hecho de que si alguno se mudaba a ella, tenía mucho trabajo por delante: escombros, piedras y restos era lo que había por todas partes.

¿Entonces, cómo podrían lograr que la gente ocupara la ciudad? Esa pregunta tuvo que haber molestado mucho a la cámara de comercio de Jerusalén del tiempo de Nehemías. Tenían que hacer un plan para ello.

Veamos el versículo 1 de Nehemías 11. ¿Moraba *alguno* en Jerusalén? Sí. Allí moraban los miembros de la cámara de comercio: "Habitaron los jefes del pueblo en Jerusalén . . ." Usted sabe, ellos tenían que hacerlo; era parte de su responsabilidad. Esa era la forma como ellos conseguían su bono anual. Probablemente eso era parte de un plan de incentivos para animar a otros a vivir en la ciudad. Pero el resto del pueblo no vivía allí. Vivían fuera en los alrededores, en las atractivas aldehuelas del valle, en los suburbios.

Hubo dos cosas que hicieron que el pueblo se mudara a Jerusalén. Primera, *echaron suertes* para que uno de cada diez se mudara al área urbana. Este grupo se mudó a la ciudad por fuerza. Era algo parecido a la manera como el gobierno de los Estados Unidos de América reclutaba hombres para el ejército durante la guerra de Vietnam. Cuando aparecía el número de algún hombre, éste tenía que ir a la guerra.

Pero el segundo método de atraer a la población es de interés aun mayor para nosotros. Según Nehemías 11:2, *hubo otro grupo que se ofreció voluntariamente.*

Y bendijo el pueblo a todos los varones que voluntariamente se ofrecieron para morar en Jerusalén.

En el versículo 1 no se mencionaron los voluntarios. Ese versículo nos dice que si la suerte caía sobre un hombre, éste y su familia estaban obligados a mudarse a la ciudad. No había otra alternativa.

Entre las nueve décimas partes de la población que quedó fuera del muro, hubo algunos que fueron extrañamente movidos por Dios a ofrecerse para vivir en el área urbana. Lo que hace que esto sea significativo es la palabra que se tradujo mediante los términos "voluntariamente se ofrecieron". Es una palabra hebrea que significa "impulsar, incitar desde adentro". En esta palabra está inherente la idea de la generosidad interna y de la disposición. En otras palabras, estos que se ofrecieron voluntariamente fueron conmovidos en lo profundo de su ser. Fueron incitados por Dios a mudarse. Y ellos lo hicieron.

¿Puede imaginarse usted eso? Estas personas, que vivían en los suburbios, fueron escogidas por Dios para mudarse de los suburbios a la ciudad interna, y ellas lo hicieron con diligencia y generosidad. Si ellos no se hubieran ofrecido voluntariamente, difícilmente hubiera prosperado la ciudad, ni hubiera podido resistir los ataques del enemigo que le vinieron en años posteriores.

DEVOCION DE LOS DESCONOCIDOS

Un erudito hizo un trabajo intrincado de cálculo y determinó que probablemente en las zonas adyacentes a Jerusalén había un millón o más de personas. La décima parte de esa población se mudó por la fuerza, pero un gran número de ellos entró en la ciudad por cuanto fueron impulsados desde adentro. Se convirtieron, por decirlo con las palabras del título de este capítulo, en "los voluntarios desconocidos". Difícilmente menciona la Escritura el nombre de alguno de ellos.

Es un hecho que el nombre de los "voluntarios desconocidos" no aparece nunca con luces. En el libro de Exodo, capítulo 35, hallamos a un grupo de individuos que eran expertos en bordados, tejidos y otras artes. Fueron los que agregaron los toques más finos al tabernáculo. En Exodo 35 se hace referencia a los que voluntariamente ofrecieron su sustancia, su talento y su servicio para las cosas de Dios. La misma palabra hebrea que en Nehemías 7 se tradujo "voluntariamente se ofrecieron", se halla también en Exodo 35. Se ofrecieron voluntariamente a Dios. Difícilmente se recuerda uno de esos nombres, con excepción del nombre de Moisés, el líder, y del nombre de Aarón, su ilustre hermano. Pero el proyecto total de embellecimiento del tabernáculo hubiera fracasado sin estos voluntarios desconocidos.

LAS OBRAS DE LOS DESCONOCIDOS

En Nehemías 11, hallo cinco grupos específicos que voluntariamente dieron algo, aunque lo que dieron fue anónimo.

Acabamos de leer con respecto al primer grupo:

> Y bendijo el pueblo a todos los varones que voluntariamente se ofrecieron para morar en Jerusalén (versículo 2).

En el Grupo 1 estaban incluidos *aquellos que voluntariamente se mudaron a la ciudad.* Ellos arrancaron sus raíces domésticas, abandonaron sus bellos hogares, comenzaron de la nada, se sometieron a un gobierno que ellos no habían elegido, y vivieron en una ciudad custodiada por un grupo de policías que ellos no conocían. Aunque éstos parecieron insignificantes, fueron muy importantes, por cuanto llegaron a ser los nuevos habitantes de la ciudad.

El segundo grupo se menciona en Nehemías 11:10-12:

> De los sacerdotes: Jedaías hijo de Joiarib, Jaquín, Seraías hijo de Hilcías, hijo de Mesulam, hijo de Sadoc, hijo de Meraiot, hijo de Ahitob, príncipe de la casa de Dios, y sus hermanos, los que hacían la obra de la casa, ochocientos veintidós; . . .

Hubo 822 personas *que voluntariamente trabajaron dentro del templo.* ¡Era un buen grupo! Este grupo se ofreció voluntariamente para la obra en la casa de Dios.

Así que ahora tenemos dos grupos de personas que "voluntariamente se ofrecieron": los que se mudaron a la ciudad, y los que ya estando en la ciudad se ofrecieron voluntariamente para el ministerio dentro del templo. Este segundo grupo sostuvo fielmente la obra con sus talentos y sus dones. El templo no tenía ujieres, técnicos de televisión, técnicos de iluminación, ni ingenieros estructurales, como tenemos hoy en algunas iglesias; pero podemos creer que cada uno en ese grupo de 822 tenía una tarea muy importante.

Hubo un tercer grupo. Los versículos 15 y 16 nos hablan de los levitas y de los "principales de los levitas, *capataces de la obra exterior de la casa de Dios*". En aquellos días, la expresión "obra externa" no se refería a aquellos que hermoseaban los prados del templo. El versículo 16 se refiere a los líderes que trabajaban fuera de la casa de Dios, los que juzgaban, manejaban los asuntos civiles, aconsejaban y servían al público fuera del sitio de adoración. Probablemente usted no puede recordar *ni uno* de esos nombres. Es casi como si Dios hubiera dicho: "No quiero que se recuerden esos nombres". Son como aquellas pequeñas cruces blancas del cementerio. No los recordamos individualmente, sino más bien como una masa de trabajadores voluntarios que hicieron posible que cosas importantes continuaran hacia adelante sin ningún impedimento.

Ningún negocio podría existir hoy durante largo tiempo sin el esfuerzo extraordinario de personas anónimas que diligentemente trabajan sin aparecer como individuos destacados. Hay muchos: la secretaria que maneja interminables detalles; el encargado de la limpieza que mantiene el lugar limpio y pulcro; el director de personal que entrevista a nuevas personas, oye quejas y mantiene la paz dentro de sus filas; y los técnicos e inspectores que trabajan en sitios que no tienen ventanas para asegurar que un producto salga en buen estado.

Un cuarto grupo de voluntarios desconocidos se nos presenta en el versículo 17:

> Matanías [sigue su genealogía] . . . el que empezaba las alabanzas y acción de gracias al tiempo de la *oración* . . . [cursivas mías].

Probablemente usted ni sabía que existió Matanías. Pero Dios dice que él fue un líder. ¿Dónde? El dirigía de rodillas. ¿Era eso importante? Créalo o no, él era una de las causas principales del éxito del templo. Tal vez él no podía predicar; ¡pero él podía orar! Como ha sido siempre, el héroe de la Iglesia de Jesucristo del cual nunca se canta es el santo que vive de rodillas.

¿Ha estado usted alguna vez en contacto con un guerrero de oración? Si no ha estado, ha perdido un gran gozo. Yo estuve en contacto con una hace años en Houston, Texas, Estados Unidos de América, cuando por primera vez comencé a pensar seriamente en el ministerio cristiano. Tuve el deleitoso privilegio de ser colocado en la lista de oración de ella. Ella era una mujer extraordinaria. Podía citar capítulos de Isaías con facilidad. Grandes trozos de la Escritura salían de su boca. Ella estaba con la Biblia o estaba de rodillas. Pero poca gente de la iglesia sabía siquiera que ella estuviera presente.

Esta guerrera de oración oró por mí mientras estuve en el seminario. Luego me respaldó durante mi primera experiencia en el ministerio del Evangelio. Ella nos animó a mi esposa y a mí en los nacimientos de nuestros cuatro hijos, y en los valles y las cimas de nuestras vidas. Pero la mayoría de las personas que me conocen no saben nada de esta voluntaria desconocida, la *Matanías* de mi vida, que derramó su alma delante de Dios para que El me utilizara para su gloria.

Esa fue la razón por la cual fue conocido el individuo del cual se nos habla en Nehemías 11:17. El oraba.

Finalmente Nehemías 11:22 nos habla acerca de un quinto desconocido: el jefe de los levitas en Jerusalén que se llamaba Uzi. ¿Uzi? ¡Nunca en mi vida he conocido a una persona que se llame Uzi! ¿Qué hizo él? Bueno, él era de los hijos de Asaf: los cantores para los servicios de la casa de Dios. *Lo más importante es el amor* dice que los hijos de Asaf constituyeron el "clan", que se convirtieron en los cantores del tabernáculo. ¡Qué cosa tan tremenda! Estas personas cantaban voluntariamente para la gloria de Dios.

¿Recuerda usted a estos desconocidos? (1) el pueblo que voluntariamente se mudó a la ciudad; (2) el pueblo que trabajó en el templo; (3) el pueblo que trabajó afuera en las áreas adyacentes al templo; (4) el pueblo que voluntariamente oró; y (5) el pueblo que cantó en los servicios dedicados a Dios. Todos ellos ofrecieron voluntariamente sus servicios.

MI GENTE ANONIMA FAVORITA

Mientras escribo estas palabras, mi mente está llena de rostros de aquellos que trabajan entre bastidores para que mi liderato no se atasque: mi esposa en la casa, que me apoya fiel y constantemente, me estimula, trabaja con nuestros hijos y levanta la pereza; todo sin ninguna gloria; mi persona en la iglesia que se aferra a su trabajo día y noche; los miembros de la directiva que cumplen papeles estratégicos y, sin embargo, desempeñan empleos a tiempo completo; las personas que cantan en los coros y tocan instrumentos en los múltiples servicios domingo tras domingo; las personas que oran, que ayudan en la enfermería, que enseñan, que trabajan en nuestra biblioteca, que dan, que aconsejan, que visitan; técnicos dotados que voluntariamente manejan el sistema de sonido, los monitores de televisión, la iluminación y los grabadores magnetofónicos para grabar cada mensaje. Hay otros que ayudan con el estacionamiento, el mantenimiento y un gran número de otras tareas voluntarias. Sin ellos, mi vida se reduciría a tediosos e interminables detalles que se convertirían en enemigos de mi ministerio. Alabo a Dios por cada uno de ellos que voluntariamente permanecen detrás de mí sin recibir el beneficio del aplauso público. Con profunda gratitud, libremente declaro su significación.

Con frecuencia se me pregunta: "¿Cuál es su personaje bíblico favorito?" Supongo que la mayoría de personas esperan que yo diga David, o Elías o Pablo o Moisés. Usualmente los sorprendo con un grupo de nombres como Jabes, Amós, Enoc, Mefiboset, Epafrodito, Onesíforo y (por supuesto) Habacuc. ¡El que me hizo la pregunta se queda mirándome como si le estuviera hablando en lengua extraña! Pero realmente, entre mis personajes principales están ellos. ¡Todos fueron grandes hombres y maravillosos creyentes! Pero ellos también fueron virtualmente individuos anónimos de los cuales no se oyó mucho. Cada uno, sin embargo, fue un gran líder.

VERDADES ETERNAS

Hemos pasado un tiempo considerable tratando sobre los muchos "voluntarios desconocidos". Ahora, colocando todo en conjunto, permítame compartir con usted algunas verdades eternas. La primera es ésta: *Sus dones hace que usted sea valioso, aunque no necesariamente famoso.* Si usted tiene dones en algún aspecto que nunca llegará a destacarse, no se preocupe por ello. Usted vale tanto como Matanías o Uzi, y usted será más o menos conocido como ellos. Pero no se preocupe, usted no es anónimo ante Dios. Este hecho nos lleva a la segunda verdad: *Todo trabajo que se haga con amor es recordado por Dios.* Nunca es olvidado. Tenga usted en cuenta lo que dice Hebreos 6:10:

> Porque Dios no es injusto para olvidar vuestra obra y el trabajo de amor que habéis mostrado hacia su nombre, habiendo servido a los santos y sirviéndoles aún.

Coloque usted a Hebreos 6:10 en algún rincón de su mente, y cada vez que comience a sentirse triste por cuanto no se destaca, recuerde que Dios nunca olvida nuestra obra.

La tercera verdad que veo en Nehemías 11 es la siguiente: *Nuestras recompensas finales serán determinadas en base a nuestra fidelidad, y no en base al aplauso público.* El público tal vez nunca sepa acerca de su ministerio, pero ese hecho no tiene ninguna relación con las recompensas finales. Dios nunca utiliza el metro del aplauso para determinar nuestra recompensa.

Muy tarde en la noche del mismo día en que todos nosotros habíamos visto aquel cementerio militar en California, la escena de aquellas cruces blancas pasó de nuevo por mi mente. Pensé: "Los muertos no han muerto en vano. Aún hablan". Y comprendí de nuevo lo importante que es rendir honor a aquel gran número de personas que, aunque desconocidas, aún sirven para que unos pocos puedan dirigir.

John McCrae terminó su inmortal poema recordando lo siguiente:

De nuestras manos caídas os lanzamos la antorcha.
Sea vuestra para que la tengáis en alto.
Si quebrantáis la fe con los que morimos,
No dormiremos, aunque las amapolas soplen
En los campos de Flandes.

Que Dios anime genuinamente y estimule a todo voluntario desconocido que lea estas palabras. Y a propósito, el poeta sabía que se estaba escribiendo acerca de él. El cuerpo del teniente coronel John McCrae yace en los campos de Flandes.

Desconocido . . . pero no olvidado.

catorce

La felicidad está en el muro

Si la felicidad fuera una enfermedad, ninguna otra sería más contagiosa. Si usted se ríe a menudo, si se divierte en la vida, si siempre tiene una sonrisa a flor de labios, no tendrá dificultad en contagiar a la gente y hacer amigos. Las personas que realmente disfrutan de la vida, siempre están en demanda. ¡Son increíblemente contagiosas!

Los maestros que son felices y desarrollan su enseñanza de una manera atractiva, no tienen dificultad para lograr que los estudiantes hagan fila para inscribirse en sus cursos. Cuando un vendedor está genuinamente feliz, le dan calambres de escritor con el ejercicio de hacer los pedidos. Cuando el gerente de una estación de servicio tiene felicidad, constantemente le llegará un flujo de carros. Cuando el rector de una universidad es feliz, el departamento de relaciones públicas tiene una tarea más fácil. Cuando el propietario y las mesoneras de un restaurante son amistosos y felices, la noticia se difunde. ¿Por qué? Porque la felicidad es una comodidad rara. En efecto, casi está extinguida. Si usted pone esto en tela de juicio, fíjese en los conductores la próxima vez que usted vaya por la autopista. Cada uno de ellos tiene la cara tan larga que parece que estuviera sacando un grano de maíz de una botella de coca-cola. Ni siquiera en un funeral vería usted caras tan alargadas.

Supongo que eso es comprensible. Nuestro escenario económico no promueve la felicidad. Las casas y la propiedad nunca han sido tan costoso. Las promesas para el mañana nunca han sido más frías que en la presente hora. Hay un hambre internacional que parece estarse extendiendo. El porcentaje de crímenes ha llegado a ser el más alto de todos los tiempos. La ilegitimidad, el estupro, la pornografía, el castigo violento a niños, el abuso de los narcóticos, los escándalos políticos, las acusaciones por falta de ética profesional, la infidelidad conyugal, la crisis energética y la crisis ecológica agregan nuevos pesos al delgado cable de nuestra cordura.

Alguien ha llamado a nuestro tiempo "la edad de la aspirina". Es una descripción bastante exacta. Los hospitales nunca han sido más costosos ni han estado más apiñados. Es un hecho comprobado que más de la mitad de los que ocupan camas en los hospitales están allí por causa de desórdenes mentales o emocionales.[25]

Las personas que están en profesiones que se encargan del cuidado de la salud están sumamente alarmadas por el crecimiento del promedio de suicidios. Se ha convertido en una de las principales causas de muerte. Ni siquiera los jóvenes pueden hacer frente a este problema. El suicidio es la segunda causa de muerte entre los jóvenes adultos en los Estados Unidos de América.[26]

Agreguemos a estos ayes los ingredientes del desánimo, la epidemia del divorcio y la baja en la educación de la niñez. Mezclemos con todo eso los problemas relacionados con nuestra escena religiosa, las tensiones internacionales entre Israel y los estados árabes—para no mencionar los trastornos que hay en Africa ni la amenaza de la China Roja—, y entonces comenzará usted a dudar de las populares palabras: "Ríe y el mundo reirá contigo; llora y llorarás solo". Parece más bien que el que ríe, *ríe solo.* Todos los días parecen traernos un ataque por sorpresa de Darth Vader, el representante del mal en la película *La Guerra de las Galaxias.*

Sin embargo, pese a nuestra situación actual, Dios quiere

que nuestros corazones estén bien en relación con nuestro día y con nuestra era. Estoy convencido de que El aún quiere que sus hijos sean felices. El puede utilizar el capítulo 12 de Nehemías para enseñarnos sus principios sobre la felicidad. En los días de Nehemías, el pueblo se enfrentó a muchas circunstancias deprimentes. Estuvieron, en efecto, plagados de las circunstancias más difíciles que uno pudiera imaginar. No había nada que inclinara sus corazones hacia el regocijo. Sin embargo, estaban llenos de gozo y risa.

Con esto no quiero decir que debemos volvernos como los avestruces proverbiales, que meten sus cabezas en la arena y ciegamente sonríen a su manera mientras pasan los tiempos difíciles. Pero estoy convencido de que el capítulo 12 de Nehemías ayudará a aliviar nuestras cargas, puesto que por medio de él vemos las cosas desde el punto de vista de Dios y no del nuestro. Creo que marchamos hacia la culminación de su divino plan, a pesar de las cicatrices que tengamos en nuestra tierra herida. Si podemos comprender los pensamientos de Dios y ver la vida como El la ve, se aliviará la fricción de ella.

¡Los líderes tienen que ser personas felices! Los que miran hacia un líder en busca de ánimo y esperanza no están listos a ver una personificación de la muerte. Hay muchos de sus seguidores que se arrastran todos los días por la mañana hacia el trabajo amoratados por los golpes de los conflictos domésticos y por incontables preocupaciones económicas. Se enfrentan a un día de exigencias monótonas y tareas desagradables, sólo para regresar más tarde al hogar y encontrarse con cónyuges e hijos descontentos que forman altercados. Fuera del trabajo, estos individuos no tienen otra cosa que hacer que echar una mirada al televisor. En alguna parte, y de algún modo, Dios puede utilizarlo a usted para introducir el ingrediente que les falta: el gozo real y duradero, que aliviará su carga.

LA BUSQUEDA DE LIDERES APROPIADOS

En Nehemías 12:27, el pueblo se ha reunido para dedicar el muro recientemente construido. Lentamente la ciudad está comenzando a mostrar signos de progreso: nuevos hogares, nuevos negocios, toda una gama de renovación urbana. Aunque los tiempos eran aún difíciles, había una nueva chispa de entusiasmo, una visión renovada, aunque todavía quedaba mucho por hacer. Pero el muro estaba terminado: amplio, estable, fuerte, bien construido y bien diseñado. El muro era la atracción principal. Habiéndose mudado a la ciudad y habiendo comenzado a construir sus hogares, los ciudadanos decidieron dedicar este proyecto a Dios.

La dedicación del muro es el tema obvio de Nehemías 12:27-47. Sin embargo, allí hallamos mucho más que eso. Hallamos a un pueblo cuyos corazones se estaban regocijando realmente. ¡Estaban felices! Aunque habían abandonado los suburbios y habían tenido que buscar materiales para construir sus moradas en la ciudad, realmente se encontraban regocijados, porque sus ojos estaban puestos en el Señor:

> Para la dedicación del muro de Jerusalén, buscaron a los levitas de todos sus lugares para traerlos a Jerusalén, para hacer la dedicación y la fiesta con alabanzas y con cánticos, con címbalos, salterios y cítaras. Y fueron reunidos los hijos de los cantores, así de la región alrededor de Jerusalén como de las aldeas de los netofatitas (versículos 27, 28).

La palabra hebrea que se tradujo por "alabanzas" significa "alegría, júbilo, placer, deleite". El pueblo llevó a este grupo de especialistas a la ciudad, y dijo: "¡Diríjannos en una celebración feliz! ¡Divirtámonos!" Luego agregaron a la celebración el canto de himnos y canciones acompañados con címbalos, arpas y liras. Era un buen conjunto musical. Supongo que lo hubieran podido llamar "Banda Moderna de Nehemías".

Fueron seleccionadas personas de todos los alrededores para dirigir la celebración del regocijo. El programa de ese día fue diseñado para que se disfrutara y fuera inolvidable.

¡PURIFIQUE SUS ACTOS!

La dedicación, sin embargo, consistió en algo más que simplemente diversión y juegos. Notemos algo muy importante en el versículo 30:

> Y se purificaron los sacerdotes y los levitas; y purificaron al pueblo, y las puertas, y el muro.

No se debe pasar por alto el hecho de que antes de que hubiera un momento de celebración, hubo la purificación.

No se nos dice exactamente qué es lo que se da a entender con la palabra "purificación"; pero sin duda se relacionaba con la purificación personal por medio de una ofrenda por el pecado. Para realizar la celebración por la inauguración del muro, sus corazones tenían que ser purificados. Nosotros también necesitamos recordar que para servir a otras personas, nuestros corazones tienen que estar limpios delante de Dios. La santidad precede a la felicidad.

Este es un punto que hay que destacar en cualquier persona que dirija. El primer paso hacia una apariencia feliz es un corazón puro. Y no hay ni un solo líder de los que leen mis palabras, que no haya tratado de fingir que tiene un corazón puro sin fracasar. El descuido moral y el pecado dudoso dan a la risa una apariencia de falsedad. Tome nota usted. No se puede tolerar el mal, ni reírse uno de las cosas que Dios odia. Cualquier líder que espere que sus esfuerzos levanten los espíritus de otros tiene que comenzar con la purificación.

TODOS SOBRE EL MURO

Vamos al primer acontecimiento en las ceremonias de dedicación:

> Hice luego subir a los príncipes de Judá sobre el muro, y puse dos coros grandes . . . (versículo 31).

¡Piense en eso! Tal vez había una escalera recostada al muro, y Nehemías grito: "¡Suban todos al muro!" Y subieron por docenas a este grande y amplio muro que rodeaba a Jerusalén. El versículo 31 nos dice que el primer gran coro fue en procesión por la derecha de Nehemías, sobre el muro, hacia la puerta que estaba en el fondo de la ciudad, la puerta del Muladar. Luego nos informa el versículo 38:

> El segundo coro iba del lado opuesto, y yo en pos de él, con la mitad del pueblo sobre el muro . . .

Esdras estaba con el primer coro, y Nehemías se unió al segundo; así tenemos a Esdras en un lado del muro de la ciudad, y a Nehemías en el otro. A menudo he tratado de formarme una imagen mental sobre cómo pudo haberse visto aquella escena desde fuera del muro. ¡Qué explosión tuvo que haber producido! Centenares de cantores, toda clase de instrumentos, un espíritu de alegría ciertamente hubieran hecho que aquello no pareciera al culto que se lleva a cabo en la iglesia evangélica hoy! Probablemente eso se parecía más a un desfile folklórico moderno. Ese es el cuadro que trae a mi mente el versículo 43:

> Y sacrificaron aquel día [el día de celebración, el día de dedicación] numerosas víctimas, y se regocijaron, porque Dios los había recreado con grande contentamiento; se alegraron también las mujeres y los niños; y el alborozo de Jerusalén fue oído desde lejos.

Usted nunca me convencerá de que todas esas mujeres y niños permanecieron estáticos y caminaron paso a paso como portadores de féretros, con los labios apretados y con estricta formalidad. ¡No, ellos se metieron en el asunto! Si leo correctamente, aquello fue más bien una especie de desfile parecido a los de Disneylandia. Desde cierta distancia, imagino que se parecería a una unidad militar con tambor y cornetas dirigida por unos jóvenes que parecían los Tres Chiflados en uniformes del Ejército de Salvación.

¡Eso sí que sonaba alto! El versículo 43 termina diciendo: "el alborozo de Jerusalén fue oído desde lejos". Todos hemos llegado tarde alguna vez a un partido de fútbol, por ejemplo, y hemos oído la gritería y el estruendo de la banda, el ruido creciente de millares de personas, y nuestros corazones se sintieron excitados. Algo así fue lo que ocurrió en el muro. Y en medio de todo esto estaban Nehemías, Esdras y los demás dirigentes divirtiéndose de lo lindo. ¡Qué día tan deleitoso para recordar!

SE NECESITAN SANTOS QUE SONRIAN Y CANTEN

¿Recuerda usted las palabras de Proverbios 17:22? "El corazón alegre constituye buen remedio". Pues bien, hay otro versículo que tal vez usted no ha hallado y que dice: "El corazón alegre hermosea el rostro; mas por el dolor del corazón el espíritu se abate" (Proverbios 15:13). ¿No es verdad eso? La gente quiere estar con el individuo que sonríe y canta. Repito, el corazón alegre es contagioso. Y cuadra en cualquier escena, no importa lo malas que sean las circunstancias.

Cuando yo estudiaba en el seminario, Cynthia y yo vivíamos en uno de los apartamentos que allí había. ¡Qué porquería! Mi cuarto de estudio era tan pequeño que yo tenía que salirme de él para pasar la página. Allí corrían ratas de sangre caliente y de sangre fría. (Me place informar que todos esos apartamentos fueron destruidos.) Había suficientes circunstancias miserables como para deprimir hasta a Norman Vincent Peale. Pero estábamos determinados a utilizar nuestro sentido del humor, en vez de permitir que el lugar nos paralizara.

Al mirar retrospectivamente, algunos de nuestros recuerdos más agradables son de allí. Nosotros agasajábamos a los miembros de la facultad, arreglábamos comidas exóticas (¡todas con hamburguesa!), y hasta cantábamos a dúo con la pareja que vivía en el apartamento siguiente. Las paredes eran de un cartón tan delgado que en la mañana yo solía armonizar con mi vecino al tomar la ducha.

¿Y usted? ¿Ha dejado de cantar o de sonreír?

Si usted canta, sus hijos también cantarán. ¡Y a ellos no les importa dónde se hallan! Hace algún tiempo, yo llevé a Carlitos, nuestro hijo menor, a un abasto. Llegamos al mostrador para comprar algunas cosas. Por alguna razón, la tienda estaba extrañamente tranquila. Carlitos, que estaba sentado en el carrito, extendió la mano y agarró un puñado de mentas. Mientras trataba de desenvolver una, comenzó a cantar en alta voz: "Cristo me ama, me ama a mí (todo el mundo comenzó a mirarlo), pues la Biblia dice así. Niños . . ." Luego cantó más suave, pues comprendió que una docena de ojos lo estaban mirando.

—Continúa, ". . . pueden ir a Él", —le dijo la joven a Chuckie.

Luego me preguntó:

—¿Ha aceptado usted al Señor Jesucristo como su Salvador?

—¡Claro que sí! —le respondí.

—Yo ya tengo año y medio de haber recibido a Cristo —me dijo.

—¿No le parece interesante —le dije—. Mi hijo nos condujo a una oportunidad para animarnos el uno al otro.

También descubrí que el verificador (quien también se había detenido a oir) se hallaba perturbado por cuanto su matrimonio estaba destrozado. Carlitos había reventado a cantar ese cántico precisamente en el momento oportuno. Su alegre corazón suavizó la herida de otro.

No deje usted de cantar. Cante esta tarde. ¡Cante cuando vaya regresando del trabajo! Una de las más exuberantes expresiones de un corazón feliz es una boca que canta. (Eche usted una mirada a Efesios 5:18, 19).

Me impresiona el hecho de que Nehemías 12:43 no dice que el canto se oía desde lejos. Dice: "el alborozo de Jerusalén fue oído desde lejos". ¡Eso me anima! La gente no ve los labios, ni oye las palabras; ellos oyen el gozo, el alborozo del corazón. La mayoría de las personas se hallan muy solas, muy vacías. Si ellos lo ven a usted y son testigos de que dentro de usted hay un espíritu gozoso, no dicen: "¡Ah, usted canta tenor!" Ni, "Hace mucho tiempo aprendí ese cántico". No, así no es como suceden las cosas. Las personas tienen hambre de felicidad. Cuando ésta se expresa de una manera auténtica, ellas se sienten animadas.

EL SECRETO: EL ENFOQUE ADECUADO

Una gran aplicación sale de estos versículos: *La felicidad no depende de las circunstancias externas, sino del enfoque interno.* Cuando su enfoque es adecuado, puede sonreír y cantar en medio de cualquier experiencia, y salir con regocijo. Todo depende de su enfoque interno.

Mi comentario final sobre este capítulo va dirigido a los que están ahora en una posición de dirección o tienen planes para estar algún día en esa posición.

• ¿Le produce usted gozo a las personas que dirige?
• ¿Se caracteriza su liderato por un buen sentido del humor?

Son pocas las cosas que conozco que sean más magnéticas que una sonrisa o una disposición alegre, especialmente entre aquellos que trabajan en la obra de Dios. ¡Cuán fácil es llegar uno a ser intenso, severo y aun opresivo! El pueblo que estuvo bajo la dirección de Nehemías se sintió libre para regocijarse y reír. ¿Siente libertad la gente que está bajo la dirección de usted? ¿Sienten libertad sus hijos, por ejemplo?

Entiendo que Carlos Spurgeon fue reprendido una vez por inyectar una buena cantidad de humor en su predicación. Con un guiño respondió: "Si usted supiera cuánto me abstengo, me alabaría".

Los judíos se rieron cuando estaban sobre el muro, al regocijarse por la provisión de Dios. Cantaron juntos, y su gozo inundó la ladera, de tal modo que todos pudieron oir y estar alegres. ¿Habían cambiado las circunstancias de ellos? ¡No! *Ellos* eran los que habían cambiado. ¿Ha cambiado usted?

quince

Los problemas hay que asirlos por la cabeza

La vida de Ludwig van Beethoven, aunque fue de gran éxtasis, también fue marcada por esporádica agonía. Cuando tenía cinco años de edad, Beethoven ya tocaba el violín bajo la dirección de su padre, quien también fue un músico consumado. Cuando tenía 13 años, Beethoven era organista de conciertos. Cuando cumplió los 20 años, era estudiante bajo la vigilante mirada de Haydn y Mozart. En efecto, Mozart pronunció palabras proféticas cuando declaró que, para el tiempo en que su vida terminara, Beethoven le daría al mundo algo digno de oírse.

Cuando Beethoven comenzó a desarrollar sus talentos, se convirtió en un prolífico compositor. Durante su vida, escribió nueve majestuosas sinfonías y cinco conciertos para piano; y eso sin mencionar sus numerosas piezas para música de cámara. Ludwig van Beethoven también escribió sonatas y piezas para violín y para piano. Nos ha conmovido con sus obras maestras de armonía única que rompieron con las tradiciones de su época. El hombre fue un genio.

Beethoven, sin embargo, no fue extraño a las dificultades. Después de cumplir sus 20 años de edad, comenzó a perder el oído. Sus dedos "se volvieron gruesos", según el mismo lo dijo en una ocasión. No podía *sentir* la música como la había sentido antes. El problema del oído lo tuvo en sus años de madurez, pero lo conservó como secreto bien guardado. Cuando llegó a los 50 años, Beethoven estaba tan sordo como una piedra. Tres años después, hizo el intento de dirigir una orquesta, y fracasó miserablemente. Aproximadamente cinco años después, murió durante una horrible tormenta.

Fue sordo y, sin embargo, fue un músico magnífico. Una vez se le oyó gritando a voz en cuello mientras golpeaba con los dos puños el teclado: "¡Asiré la vida por la cabeza!" Había decidido no rendirse. Muchos de sus biógrafos piensan que por causa de esta determinación, Beethoven permaneció durante mucho más tiempo productivo de lo que hubiera permanecido si hubiera asumido otra actitud. En realidad, asió la vida por la cabeza.

Me gustaría tomar prestada esa declaración y aplicarla al liderato. No me detendré en asuntos como las enfermedades físicas, aunque algunos hoy pudieran estar luchando con similares trastornos de salud. Estos tal vez sean secretos que sólo usted y Dios los conocen. Aplicaré la declaración de Beethoven a los aspectos de injusticia con que pudiéramos enfrentarnos y los "asiremos por la cabeza". Nuestro modelo principal no será Beethoven, sino Nehemías y el capítulo final de su libro.

En este punto, Nehemías se enfrenta con cuatro grandes problemas que los "asió por la cabeza". El estaba decidido a no permitir que tales problemas lo dominaran, ni dominaran al pueblo al cual servía.

Hay un versículo en Romanos que dice: "Porque las cosas que se escribieron antes, para nuestra enseñanza se escribieron, a fin de que la paciencia y la consolación de las Escrituras, tengamos esperanza. . . " (Romanos 15:4). Quiero que hallemos ánimo e instrucción en el gran pasaje que encontramos en Nehemías 13.

UBIQUEMONOS

Durante un período después de la dedicación del muro, Nehemías continuó estableciendo un gobierno justo en Jerusalén. Con el tiempo, nos informa el versículo 6, que salió de Jerusalén y regresó a desempeñar el primer puesto que había ejercido como copero del rey. También nos enteramos de que ocurrieron ciertas cosas mientras él estaba ausente:

> Mas a todo esto [es decir, durante el tiempo que se describe en los versículos 1-5], yo no estaba en Jerusalén, porque en el año treinta y dos de Artajerjes rey de Babilonia fui al rey; y al cabo de algunos días pedí permiso al rey.

No sabemos cuánto tiempo estuvo Nehemías ausente de Jerusalén. ¡Pero mientras el gato estuvo ausento, los ratones jugaron en la ciudad! Cuando regresó a la ciudad, descubrió cuatro grandes injusticias. Cuando él encontró estos "problemas", "los asió por la cabeza".

UN COMPAÑERISMO COMPROMETEDOR

El primer problema se nos indica en Nehemías 13:4-9. Lo llamaré *el problema de un compañerismo comprometedor*. Para entenderlo, uno tiene que comprender cuáles son los principales personajes que están envueltos. El versículo 5 nos los señala.

Antes del regreso de Nehemías, Eliasib (el sacerdote que había sido escogido como jefe de la cámara de la casa de Dios, y que era pariente de Tobías) había preparado una gran cámara para Tobías. No sabemos mucho acerca de estos dos hombres. Posteriormente se llama a Eliasib "sumo sacerdote". Era responsable de los utensilios, las cámaras y la adoración en la casa de Dios. Eliasib había planeado separar una parte de la cámara de la casa de Dios como casa para Tobías.

Tobías, como se registra en este libro, había sido un enemigo de Dios y una espina clavada en el costado de Nehemías. Nehemías se había enfrentado con él en repetidas ocasiones en que Tobías había tratado de detener la construcción del muro, y personalmente había criticado, atacado y asaltado a Nehemías. Pero a lo largo de la realización de todo su proyecto de Jerusalén, Nehemías se aseguró de que Tobías nunca estuviera dentro de los muros. Tobías es el clásico ejemplo del incrédulo rebelde o del cristiano carnal que busca cuantas maneras puede para frustrar la obra de Dios.

Sin embargo, mientras Nehemías estuvo ausente, Eliasib había dicho: "Preparemos una cámara para Tobías" (Nehemías 13:5). Como usted ve, la casa de Dios en aquellos días era diferente de la iglesia de hoy. Estaba constituida por cámaras, que eran grandes salones que a menudo servían para guardar el grano o los utensilios y vasos para el culto. Así que Eliasib había dicho: "Limpiemos esta parte que normalmente se dedica a depósito, y ofrezcamos una agradable habitación a Tobías. Traigámoslo: ya lo hemos rechazado por bastante tiempo. Coloquémoslo en el atrio, es decir, en las cámaras". Si estoy leyendo bien, el versículo 9 indica que él disponía de una serie de habitaciones: ". . . y dije que limpiasen las cámaras, e hice volver allí los utensilios de la casa de Dios". (Nóte el plural.) Volvamos, pues, a la historia:

> Y antes de esto el sacerdote Eliasib, siendo jefe de la cámara de la casa de nuestro Dios, había emparentado con Tobías, y le había hecho una gran cámara, en la cual guardaban antes las ofrendas, el incienso, los utensilios, el diezmo del grano, del vino y del aceite . . . (versículos 4, 5).

El resto del versículo 5 describe las cámaras. En el versículo siguiente, Nehemías explica que él había estado ausente. Entonces, en el versículo 7, dice:

> . . . para volver a Jerusalén; y entonces supe del mal que había hecho Eliasib por consideración a Tobías . . .

En otras palabras, Nehemías regresó a Jerusalén y halló que Tobías se había infiltrado con sus planes en la casa de Dios. ¿Qué hizo Nehemías? ¡Agarró el problema por la cabeza!

El versículo 8 dice: "Y me dolió en gran manera". Nehemías tuvo el cuidado de indicarnos, antes de todo, su actitud hacia el mal, antes de decirnos la acción que tomó contra él. ". . . arrojé todos los muebles de la casa de Tobías fuera de la cámara" (versículo 8).

¡Es notable lo práctica—incluso terrenal—que puede ser la Palabra de Dios! Los que consideran a estos santos del Antiguo Testamento como individuos que tuvieron aureolas, mantos resplandecientes y sandalias bien pulidas, han perdido la esencia de la narración. Nehemías entró en las cámaras y lanzó a la calle todos los utensilios de Tobías a la calle. ¡Fue una limpieza total! Tener a Tobías en la casa de Dios era como tener un muerto en una jaula de gallinas. ¡O digamos que tener a Tobías presente en el templo era como tener un busto de Lutero en el Vaticano!

No había razón para que Tobías estuviera en la casa de Dios. Me gusta el versículo 9 porque es muy vívido: ". . . dije que limpiasen las cámaras . . ." Ellos fumigaron aquel lugar. Nehemías no quería que ni siquiera quedara el olor de Tobías en la casa de Dios.

¿No es interesante que nosotros realmente no sabemos disgustarnos de las cosas justas? Muy a menudo saltamos y lloramos por las cosas injustas. Ahora bien, usted no me convencerá en mil años de que Nehemías, se cruzó de brazos y dijo: "¡Qué vergüenza! Tenemos que orar para saber lo que debemos hacer con las pertenencias de Tobías". ¡No! El abrió la puerta y dijo: "¡Lancen todo eso afuera!" Sacaron todas las pertenencias de Tobías, y cuando la habitación estaba completamente vacía, barrida y lista, metieron allí el grano (véase el versículo 9). ¿Puede usted imaginarse a Tobías cuando regresó a su habitación esa noche y la halló llena de grano?

Nehemías hizo eso porque estaba determinado a no vivir con lo *injusto* (la maldad de Tobías) en un lugar que fue construido para lo *justo*. Hay personas que todavía no se han convencido de eso. El líder de Dios tiene que guardarse constantemente contra el compromiso.

Nuestros compañeros ayudan a determinar nuestro carácter. Llegamos a ser como aquellas personas con las cuales pasamos el tiempo. ¿Tiene usted alguna idea sobre el efecto que sus amigos están produciendo en su vida? Ya perdí la cuenta de los padres que me han dicho: "Usted sabe, todo comenzó con una mala compañía". Muchos hombres me han dicho: "Usted sabe, todo comenzó cuando permití que este individuo hiciera impacto en mi vida. Ese impacto me derribó".

Nehemías no toleró lo malo; él agarró el problema por la cabeza. El me hace recordar a Daniel. ¿Recuerda usted aquella ocasión cuando el rey le dijo a Daniel que se inclinara y adorara la imagen, o de lo contrario sería lanzado en el foso de los leones? Daniel no se inclinó ni adoró la imagen. Regresó a su cámara y se dedicó a orar. Por ese motivo lo odiaron, y lo acusaron y lo hicieron lanzar en el foso de los leones. Sabemos que Dios protegió a Daniel de los leones, pero también pienso que esos leones no se tragaron a Daniel porque él tenía las tres cuartas partes de cartílago y una cuarta parte de columna vertebral. Con esto quiero decir que era un hombre de convicción.

Con tantas palabras, lo que Nehemías dijo fue lo siguiente: "A mí no me importa si pierdo los votos como gobernador. No estoy interesado en una competencia de popularidad. Estoy interesado en limpiar lo malo que se halla en la casa de Dios.

FRACASO ECONOMICO

El siguiente problema a que se enfrentó Nehemías (el cual se nos indica en Nehemías 13:10-14), lo llamaré *el del fracaso económico*. Me gusta la manera como comienza el versículo 10: "Encontré asimismo . . ." Eso me indica que él estaba buscando. ¡El líder mantiene sus ojos abiertos! Un gran líder no anda por ahí silbando cualquier tonada con su mente neutral. El líder oye, mira.

Los padres sabios que conozco siempre están mirando y oyendo lo que hacen sus muchachos. Oyen cuidadosamente la música que sale de cada habitación, y descubren lo que está sucediendo detrás de cada puerta que permanece cerrada.

Nehemías descubrió algo que estaba mal.

. . . las porciones para los levitas no les habían sido dadas, y que los levitas y cantores que hacían el servicio habían huido cada uno a su heredad (Nehemías 13:10).

¿Qué significa eso?

En aquellos días, las personas que servían en el templo se llamaban levitas y obtenían su sustento del templo. Las personas que cantaban allí eran sostenidas por las personas que asistían. Las personas que servían derivaban sus ingresos de los diezmos.

Pero en aquellos días, como ahora, había egoísmo en lo que se refiere a dinero. Nehemías regresó a Jerusalén y halló que los cantores y los levitas estaban viviendo en los suburbios. Debían vivir en el templo y recibir sus ingresos por el cumplimiento de sus deberes allí. Pero no había ingresos. Por lo menos eso es lo que implica el pasaje. Nehemías no dijo: "¡Qué problema! Esto es algo que debemos discutir en una reunión del comité". ¡No, de ningún modo! En el versículo 11 leemos: "Entonces reprendí a los oficiales . . ." Aunque estaba perdiendo más y más votos en las encuestas, Nehemías fue persistente. Continuó diciendo: "Esto es injusto. Dios requiere en la ley que se paguen los diezmos, y ustedes no los están pagando".

Así que Nehemías reunió a los oficiales y les dijo: "Por qué está la casa de Dios abandonada? Y los reuní y los puse en sus puestos" (versículo 11). Sospecho que Nehemías hasta levantó la voz para reprender a los oficiales. El dijo, en efecto: "¡Esto no tiene lugar en la vida del pueblo de Dios!" Luego sugirió un plan de cambio y lo puso en práctica inmediatamente.

Finalmente, en el versículo 14, oró:

> Acuérdate de mí, oh Dios, en orden a esto, y no borres mis misericordias que hice en la casa de mi Dios, y en su servicio.

Firmemente creo que hay un gran lugar para la oración. Creo que hay ciertos problemas en la vida para los cuales sólo la oración ofrece respuesta. Pero cuando hay situaciones que son resultado de la desobediencia directa a lo que Dios ha dicho en su Palabra, la oración puede convertise en una rendición espiritual. *Se necesita la obediencia.*

Si su niño corre hacia la calle en el momento en que se acerca un camión, usted no se pone de rodillas y ora para que Dios proteja al niño. Usted hace todo lo que puede para arrebatarlo del lugar por donde va a pasar el camión, incluso si por ello usted recibe lesiones.

Hay ocasiones cuando transitamos por el reino de lo incorrecto. Cuando esto ocurre, Dios no espera que su hijo caiga de rodillas y ofrezca largas confesiones y peticiones. Dios dice, en efecto: "Levántate y dedícate a corregir lo malo". Esto es lo que hallo en la historia de Nehemías. Y es aplicable a nuestros días. Todo esto es parte de la acción de asir los problemas por la cabeza.

Algunos de los lectores necesitan estudiar lo que Dios dice en su Palabra de las ofrendas. Tal vez usted necesita evaluar cuidadosamente qué papel juega Dios en sus planes. Si usted tuviera que hacer una lista de las cosas que entran en sus gastos, ¿dónde quedaría la parte de Señor? ¿Quedaría al fin de la lista o al principio de ella? ¿No debe estar primero la parte del Señor? Todo lo que somos y lo que tenemos y esperamos ser viene de sus bondadosas manos. Un cristiano agradecido es un cristiano que da.

LA SECULARIZACION DEL DIA DE REPOSO

Hay un tercer problema, del cual se nos informa en los versículos 15-22, el cual también Nehemías lo asió por la cabeza. Lo llamaré *el problema de la secularización del día de reposo*. Veamos el versículo 15:

> En aquellos días vi en Judá a algunos que pisaban en lagares en el día de reposo, y que acarreaban haces, y cargaban asnos con vino, y también de uvas, de higos y toda suerte de carga, y que traían a Jerusalén en día de reposo . . .

Tenemos que entender aquí que el día de reposo nunca ha sido ni será el domingo. En el sistema judío, el día de reposo era el sábado, el día de descanso. Era el cumplimiento del día en que nuestro Creador Dios separó para descanso en su semana de creación.

Recordemos el pacto que el pueblo hizo con Dios en Nehemías 10:31:

> Asimismo, que si los pueblos de la tierra trajesen a vender mercaderías y comestibles en día de reposo, nada tomaríamos de ellos en ese día ni en otro día santificado; y que el año séptimo dejaríamos descansar la tierra, y remitiríamos toda deuda.

En otras palabras, el pueblo dijo que ellos observarían, al pie de la letra, un día de reposo espiritual.

Nehemías andaba por la ciudad, y vio que los mercaderes habían regresado a sus antiguas prácticas. Todavía se seguía vendiendo el grano en el día de reposo. Las cargas entraban y salían por las puertas de la ciudad. Se estaba logrando lucro, desembolsando dinero y recibiendo bienes, todo en el día de reposo. Nehemías tuvo que haber movido la cabeza con desánimo. La promesa estaba todavía fresca en su memoria.

> . . . y los amonesté acerca del día en que vendían las provisiones. También había en la ciudad tirios que traían pescado y toda mercadería, y vendían en día de reposo a los hijos de Judá en Jerusalén (versículos 15, 16).

No hay nada injusto en lograr ganancias y nada malo en absoluto en hacer un buen negocio, aunque sea un negocio de pescado. Simplemente, en la administración judía no se debía hacer eso en día de reposo.

¿Qué hizo Nehemías? No movió la cabeza simplemente en forma pasiva y dijo: "Muchachos, realmente necesitamos hacer algo". ¡No, él agarró el problema por la cabeza!

> Y reprendí a los señores de Judá y les dije: ¿Qué mala cosa es esta que vosotros hacéis, profanando así el día de reposo? ¿No hicieron así vuestros padres y trajo nuestro Dios todo este mal sobre nosotros y sobre esta ciudad? ¿Y vosotros añadís ira sobre Israel profanando el día de reposo? Sucedió, pues, que cuando iba oscureciendo a las puertas de Jerusalén antes del día de reposo, dije que se cerrasen las puertas (versículos 17-19).

Eso significa que se cerraban las puertas cuando se ocultaba el sol el viernes por la tarde, pues en el tiempo de Nehemías, los días se medían desde las seis de la tarde hasta las seis de la tarde del siguiente día. Así que, según nuestro tiempo, el día de reposo iba desde las seis de la tarde del viernes hasta las seis de la tarde del sábado.

Nehemías observaba que el sol comenzaba a ponerse y decía: "Cierren las puertas. Ya viene el día de reposo". Leemos en el versículo 19:

> . . . dije que se cerrasen las puertas, y ordené que no las abriesen hasta después del día de reposo . . .

¿Dejó Nehemías el asunto ahí? ¡De ninguna manera! El tuvo que haberse dicho: "Los mercaderes tienen alguna manera de abrir las cerraduras; ellos pueden traspasar esas puertas. Tenemos que vigilar a esos tipos; no a todos, pero sí a algunos de ellos". El versículo continúa diciendo: ". . . y puse a las puertas algunos de mis criados, para que en día de reposo no introdujeran carga".

Me encantan los dos versículos siguientes:

> Y se quedaron fuera de Jerusalén una y dos veces los negociantes y los que vendían toda especie de mercancía (versículo 20).

¿Piensa usted que Nehemías ganó muchos amigos entre esos individuos que tenían el pescado fuera de la puerta de Jerusalén y estaban esperando introducir el producto? ¿Piensa usted que eso lo molestó? Eche una mirada al versículo 21:

> Y les amonesté y les dije: ¿Por qué os quedáis vosotros delante del muro? Si lo hacéis otra vez, os echaré mano.

Lo que Nehemías dijo, en lenguaje común y corriente, fue lo siguiente: "Si ustedes lo vuelven a hacer, les caeré encima. ¡Les apagaré las luces!" Y su advertencia tuvo efecto. El versículo concluye con las siguientes palabras:

> Desde entonces no vinieron en día de reposo.

¡El plan agresivo dio resultado! Nehemías sabía por qué motivo debía disgustarse. Sabía cuál era su postura en lo referente a *la secularización del día de reposo.* Les dijo: "No regresen en día de reposo. El sábado es un día para honrar a Dios".

Tal vez usted tenga una convicción que Dios le ha dado. Mi amigo cristiano, si así es, es mejor que la lleve a cabo. Es mejor que usted tenga la firmeza necesaria para decir: "No, no lo haré"; o "Sí, continuaré"; pues siempre habrá individuos que tratarán de cambiar sus normas para que cuadren con las de ellos. Como respuesta, usted debe agarrar ese problema por la cabeza.

Por ejemplo, conozco un notable educador cristiano que acaba de asumir la rectoría de una de las universidades más orientadas hacia el humanismo en los Estados Unidos de América. El día que tuvo su principal entrevista relacionada con la posición, aclaró muy bien que si sus responsabilidades en este trabajo interferirían con su anterior dedicación a Cristo y a su reino, entonces, esta dedicación saldría triunfante. El aclaró su posición honestamente, ¡y logró la rectoría! ¡Necesitamos que haya más hombres de convicciones similares!

A propósito, permítaseme una pausa para añadir el siguiente pensamiento: Nunca ha conocido a nadie que haya desarraigado un mal que estaba profundamente asentado, sin que primero llegara a estar lo suficientemente disgustado. La ira puede despertar la motivación. Necesitamos declarar una guerra total contra el mal en nuestras vidas personales. Lo que sea menos que eso no será efectivo.

LA DESOBEDIENCIA DOMESTICA

Hubo un cuarto problema con el cual se enfrentó Nehemías. Tal vez este asunto en particular afecta más que cualquiera de los otros tres. Hallamos a Nehemías, una vez más, declarando la guerra al mal. En este caso es el problema de *la desobediencia doméstica*. Dice Nehemías 13:23:

> Vi asimismo en aquellos días a judíos que habían tomado mujeres de Asdod, asmonitas, y moabitas.

Se suponía que los judíos no debían casarse con extraños a fin de mantener la solidaridad de su raza. Además de esto, los matrimonios entre personas de distinta raza habían producido resultados trágicos en los hijos. El versículo 24 indica la preocupación de Nehemías por los hijos como también por los que se habían metido en este tipo de matrimonios:

> . . . y la mitad de sus hijos hablaban la lengua de Asdod, porque no sabían hablar judaico, sino que hablaban conforme a la lengua de cada pueblo.

El hebreo era la lengua de las Escrituras. Así que, de paso, ellos no podían sacar ningún provecho de las Escrituras. Los hijos podían hablar sólo la lengua de su propio pueblo. Así que Nehemías tuvo una multitud mixta, que era el resultado de la mezcla de lenguas y costumbres. ¿Qué hizo él? ¿Está usted listo para oirlo? Nehemías dijo: "Y reñí con ellos, y los maldije . . ." (versículo 25). Esto no quiere decir que utilizó profanaciones. Más bien significa "tratarlos sin respeto, con deshonra". Es un término severo que implica "amenazar con desprecio, denostar". Luego dice el versículo que él hizo algo más: "y herí a algunos de ellos, y les arranqué los cabellos . . ." ¡Esa fue una reacción violenta! La palabra hebrea que se tradujo mediante los términos "les arranqué los cabellos" significa originalmente "poner calvo, alizar o pulir". Se refería principalmente a la barba, a arrancar parte de la barba. Nehemías se indignó tanto por los malos procederes de estos judíos que literalmente se movió alrededor de ellos tirándoles de los cabellos. No creo que se deleitara en arrancar la barba a la gente y tirar de los cabellos; pero esta acción indicaba la intensidad emocional de Nehemías mientras se perdía en la búsqueda de lo bueno.

Nosotros somos muy cuidadosos, muy tiernos, muy tácticos. ¡Demasiado! Tenemos temor de enfrentarnos. Nuestra vida se desliza barnizada con el compromiso y la tolerancia. A menudo, cuando estamos en la médula de una materia compleja, tenemos temor de decirle honestamente a alguno: "¿Sabe usted una cosa? Usted nunca tuvo cuidado de ese asunto. ¿Verdad? O, "¿Sabe usted? El egoísmo está en el corazón del problema con el cual está usted luchando". Nehemías no tenía miedo de arrancar barbas por amor a la justicia. ¡Literalmente tomó el problema por la cabeza!

Dios le dice a usted con respecto a un asunto relacionado con su vida doméstica: "Esto es malo. Haga algo al respecto". La vida personal de usted es tan importante que Dios anhela mantener su control sobre usted. Si usted es descuidado, todo lo que es de Tobías, por ejemplo, el egoísmo económico, se infiltrará en su vida. Todos aquellos aspectos de descanso que Dios quiere darle a usted, usted mismo los llenará de preocupación y secularizará el reposo espiritual. Una por una, estas cosas afectarán toda su vida.

En los últimos versículos de las memorias de Nehemías, él se presenta delante de Dios en oración, diciendo: "Acuérdate de mí, Dios mío. Sólo tengo el bien de ellos en mente".

COMO DOMINAR LA PASIVIDAD

Mientras asistía a una conferencia hace años, me impresionó una declaración hecha por el doctor Art Glasser: "La pasividad es un enemigo".

Estas palabras han resonado en mis oídos durante casi 20 años. Cuando trato de expresar el mensaje final de Nehemías a los líderes, esa declaración parece decirlo de la mejor manera. Ningún líder se atreve a jugar con el mal. Hay que asirlo por la cabeza. La pasividad es un enemigo.

Veamos cómo Nehemías tomó la pasividad por la cabeza:

1. *Nehemías le hizo frente a la injusticia.* Nunca he visto que un mal se solucione mientras no se admita que es eso: un mal. Cuando Nehemías supo de la existencia de algo malo, él se le puso de frente. Si usted tiene un problema en su iglesia, en su negocio o en su hogar—en cualquier aspecto de su vida—hágale frente. No se vaya por los lados. Ciertamente será doloroso, pero hágale frente. Comience hoy.

2. *Nehemías le hizo frente al mal con severidad.* Luego de ver la injusticia, o el problema como realmente era, lo trató con severidad. Estoy seguro de que algunas personas dijeron: "Hombre, Nehemías, te estás volviendo caprichoso. Antes solías sonreír mucho más que ahora. La próxima vez que se elija gobernador no votaré por ti". Y estoy igualmente convencido de que Nehemías tuvo que haber pensado: "Eso no me importa. ¡Yo soy responsable ante Dios!" Nuestras vidas no tienen que desviarse por el aplauso del público. Eso es realmente difícil por cuanto es duro levantarse uno contra lo malo y no dar la apariencia de que se está volviendo caprichoso. Pero Nehemías permaneció firme. El no era un buscapleitos; simplemente trató el pecado con severidad. Cualquier líder que espere ser respetado tiene que hacer lo mismo.

3. *Nehemías trabajó hacia una permanente corrección.* No es suficiente simplemente condenar lo malo. Hay que hacer algo para sustituirlo. Me siento emocionado al ver la manera como Dios comunica esto en la Biblia. Cada vez que Dios dice: "No hagas esto", lo respalda con otra declaración: "En vez de esto, haz aquello". Dios siempre establece un equilibrio entre lo positivo y lo negativo. Así tiene que ser en nuestras vidas. Cuando usted agarra algo malo por la cabeza, y planea deshacerse de ello, algo mejor debe tomar su lugar.

4. *Nehemías siempre persiguió el mal con oración.* Cuando Nehemías había hecho todo lo que podía, acudía ante Dios y le decía: "Oh Dios, bendice cada uno de estos esfuerzos. Dame

dirección y más sabiduría. Recuerda que he hecho todo lo posible para corregir este mal. Hónrate a ti mismo mientras yo permanezco firme".

HONESTIDAD . . . CONVICCION . . . DEVOCION

Tres breves solicitudes forman el consejo final de Nehemías a los líderes.

Primera, *la acción de agarrar cualquier problema por la cabeza comienza con una honesta observación.* La detección siempre precede a la solución. Usted nunca podrá resolver un problema que no pueda definir. Hay que llamar al pan, pan y al vino, vino. El problema puede ser una alianza comprometedora que usted ha comenzado, en su negocio, en su vida social o en sus citas. Tal vez usted haya comenzado a soltar las riendas de la responsabilidad. Cualquiera que sea el mal que haya en su vida, le va a cobrar su impuesto.

¿Se acuerda usted de Sansón? El se había apartado tanto de Dios que cuando el Espíritu de Dios finalmente se apartó de él, Sansón ni siquiera se dio cuenta de ello. "Pero él no sabía que Jehová ya se había apartado de él" (Jueces 16:20). ¡Ni siquiera sabía que Dios se había alejado! Sansón había vivido fingidamente durante tan largo tiempo, y su liderato era tan deshonesto, que no se daba cuenta del impacto de su hipocresía.

La observación honrada tiene que producirse primero.

Segunda, *la observación honrada tiene que ir unida con la valiente convicción.* Cualquier líder que decida practicar una vida piadosa tiene que prepararse con la convicción. Una andanza piadosa requiere una determinación valiente y tomar fuertes medidas para permanecer firme.

En el campo espiritual no podemos tolerar que cada uno actúe según su propio capricho. Si así hacemos, se debilita nuestra convicción cristiana. Con esto no estoy diciendo que no debemos ser nunca flexibles. No estoy abogando una intolerancia ciega. Lo que estoy diciendo es que es responsabilidad de los líderes cristianos permanecer firmes a pesar de aquellos que no están de acuerdo. Usted nunca será popular si hace eso, especialmente con aquellos a quienes no les gusta la manera como usted pone ladrillos.

Josué dijo: "... escogeos hoy a quién sirváis ..." (Josué 24:15). Notemos que él no dijo: "¿Discutimos esta idea? ¿Les gustaría a ustedes dialogar sobre el particular? Dijo: "¡Eso es lo que hay que hacer! Un líder tiene que declarar sus convicciones.

Tercera, *la honesta observación y la convicción valiente tienen que estar atemperadas con una profunda devoción.* Aquí es donde se pierden muchos cristianos bien intencionados. Se convierten en cazadores de cabezas de tipo espiritual: se convierten en cristianos negativos, airados, que persiguen a los disidentes, que siempre viven en sospechas y a menudo están peleando. Cambian el gozo del Señor por un profundo ceño. El líder tiene que mantener un equilibrio entre su postura firme a favor de la verdad y el mantener un corazón ardiente ante el Señor.

Pienso que es significativo el hecho de que la escena final del libro de Nehemías lo describe a él de rodillas, pidiéndole a Dios su gracia. Había luchado arduamente a favor de la justicia, pero había mantenido su corazón humilde ante el Señor. ¡Qué magnífico modelo de liderato! Era un hombre de honestidad, convicción y devoción.

Nuestro mundo está lleno de una humanidad temerosa y confusa. Las ovejas que no tienen pastor, las cuales se cuentan por millones, anhelan oir una voz de seguridad, una causa en la cual creer; quieren ver un auténtico modelo al cual seguir. Claman que se presente alguno que calme sus temores, que solucione su confusión, que canalice sus energías. Están reclamando líderes.

¿Puede usted pasar otro ladrillo?

Referencias Bibliográficas

1. John Bartlett, *Familiar Quotations* (Citas familiares), Boston: Little, Brown and Company, 1955, pág. 755.
2. Merrill F. Unger, *Unger's Bible Dictionary* (Diccionario bíblico de Unger), Chicago: Moody Press, 1959, pág. 230.
3. A.W. Tozer, *The Root of the Righteous* (La raíz del justo), Harrisburg, Pa.: Christian Publications, Inc., 1955, pág. 100.
4. Alan Redpath, *Victorious Christian Service* (Servicio cristiano victorioso), Nueva Jersey: Fleming H. Revell, 1958, pág. 19.
5. Alfred B. Smith, "Got Any Rivers" ("Conseguí algunos ríos"), *Making Melody* (Haciendo melodía), St. Louis: Bible Memory Association Inc., 1954, pág. 111.
6. Dorothy Price and Dean Walley, *Never Give In!* (¡Nunca se rinda!) Kansas City: Hallmark Cards Inc., 1967, págs. 3, 4, 6.
7. Bartlett, *Familiar Quotations* (Citas familiares), pág. 870.
8. *Ibid,*, pág. 871.
9. J. Oswald Sander, *Spiritual Leadership* (Liderato espiritual), Chicago: Moody Press, 1967, pág. 110.

10. J.B. Phillips, *Letters to Young Churches* (Cartas a iglesias jóvenes), Nueva York: The Macmillan Company, 1955, pág. 76.

11. Theodore Roosevelt, Speech before the Hamilton Club (Discurso ante el Club Hamilton), Chicago (10 de abril de 1899).

12. John Edmund Haggai, *How to Win Over Worry* (Victoria sobre las preocupaciones), Grand Rapids: Zondervan, 1959, pág. 144.

13. Charles Edison, "The Electric Thomas Edison" ("El eléctrico Tomás Edison), *Great Lives Great Deeds* (Grandes vidas grandes obras), Nueva York: Readers Digest Association, 1964, págs. 200-205.

14. Sanders, *Spiritual Leadership* (El liderato espiritual), págs. 149, 150.

15. C.S. Lewis, *The Four Loves* (Los cuatro amores), Nueva York: Harcourt, Brace & World, Inc. 1960, pág. 169.

16. Clarence E. Macartney, *Preaching Without Notes* (La predicación sin notas), Nueva York: Abingdon Press, 1946, pág. 178.

17. Bartlett, *Familiar Quotations* (Citas familiares), pág. 475.

18. C. Frederick Owen, *Abraham to the Middle East Crisis* (Abraham a la crisis del Medio Oriente), Grand Rapids: Eerdmans, 1957, págs. 56, 57.

19. Sanders, *Spiritual Leadership* (Liderato espiritual), pág. 64.

20. Gerrit Verkuyl, editor, *The Modern Language Bible, The New Berkeley Version* (La Biblia en lengua moderna, la nueva version Berkeley), Gran Rapids: Zondervan, 1969, pág. 208.

21. Peter F. Drucker, *Management* (Administración), Nueva York: Harper and Row, 1974, págs. 301, 302.

22. Ordway Tead, *The Art of Leadership* (El arte del liderato), Nueva York: McGraw-Hill, 1935, pág. 215.

23. Billy Graham, *World Aflame* (El mundo en llamas), Garden City: Doubleday, 1965, págs. 22, 23.

24. Keith Miller, *The Taste of New Wine* (El gusto del vino nuevo), Waco, Texas: Word Books, 1965, pág. 79.

25. Billy Graham, *World Aflame* (El mundo en llamas), Nueva York: Doubleday, 1965, pág. 31.

26. ". . . and I'll talk to you tomorrow" (". . . y te hablaré mañana"). Libreto preparado por el Canal 2 KNXT, en cooperación con la Asociación Médica del Condado de Los Angeles, diciembre de 1974, y distribuido conjuntamente con el Canal 2 Medix/KNXT, de Los Angeles. Televisión especial.

guía de estudio

Capítulo 1

Las circunstancias a la mano

1. Quizás ha llegado al final de este capítulo pensando: «Este libro no es para mí. ¡No soy líder! Soy sólo una persona común».

Pero, ¿está seguro de eso? Tal vez no esté tratando de reorganizar una ciudad completa o planeando un partido en un vecindario. Mas, a fin de cuentas, el liderazgo es simplemente influencia. Ahora, ¡usted no puede decir que no influye en nadie! Piense en esto por un momento. ¿Sobre quiénes tiene más influencia... sobre sus hijos? ¿Compañeros de trabajo? ¿Amigos? No evada esta pregunta, porque ella marcará la diferencia en la manera en que usará el contenido de este libro.

En esta obra, un antiguo hombre, llamado Nehemías, le pasará unos cuantos ladrillos; los que puede usar para construir un carácter de tal calidad que su fe no pueda ser destruida. Pero esos bloques de carácter producen buenos ladrillos de liderazgo, cualidades que usted puede usar para guiar a las personas a su alrededor.

Recuerde, un gran líder no tiene que ser alguien que sea muy conocido. Un gran líder es sólo una persona común sumamente motivada. ¡Y esa puede ser usted!

2. En los días de Nehemías, el muro de una ciudad era su estructura más importante porque significaba la protección de los ataques. Como cristianos, necesitamos tener muros alrededor de nuestros corazones para protegernos de las invasiones de nuestro enemigo Satanás.

¿Qué clases de armas cree que Satanás usa para derribar nuestros muros? ¿Cómo cree que estaría el corazón suyo si él lograra entrar?

A la luz de sus respuestas, ¿qué tipos de ladrillos cree que serían más efectivos tener en su muro protector? Piense en términos de carácter, cualidades y disciplinas.

3. Ahora tiene alguna idea de cuán fuerte puede parecer un muro. Haga un recorrido de inspección del muro alrededor de su corazón. ¿Habrá ladrillos que necesiten reemplazo o quizás secciones que hayan sido completamente derrumbadas? Identifique algunas de las áreas más débiles para que pueda concentrarse en ellas mientras nos desplazamos en nuestro estudio del ejemplo de Nehemías.

Capítulo 2

Un líder que vive de rodillas

1. Vuelva a leer la historia de Elí en 1 Samuel 3. El disgusto de Dios en cuanto a la situación es obvio, pero ¿puede imaginar dónde se equivocó Elí? Para algunos indicios, refiérase a las cuatro características de un líder competente que leímos en este capítulo.

Piense en nuestro estudio del capítulo anterior. ¿A quién dijo que estaba guiando? Eche un vistazo a sus vidas. ¿Qué está haciendo para usar esas cuatro características de liderazgo? Autoevalúese en cada una de esas áreas usando las escalas que se dan abajo, con el diez como la más alta puntuación.

El líder tiene un claro reconocimiento de las necesidades.

| 1 | 2 | 3 | 4 | 5 | 6 | 7 | 8 | 9 | 10 |

El líder está personalmente preocupado por las necesidades.

| 1 | 2 | 3 | 4 | 5 | 6 | 7 | 8 | 9 | 10 |

El líder va primero a Dios con el problema.

| 1 | 2 | 3 | 4 | 5 | 6 | 7 | 8 | 9 | 10 |

El líder es capaz de enfrentar la necesidad.

| 1 | 2 | 3 | 4 | 5 | 6 | 7 | 8 | 9 | 10 |

En este momento, ¿cuál área cree que necesita más trabajo? ¿Qué puede hacer para pegar ese ladrillo en su lugar con más seguridad? Sea específico y apúntelo como una meta.

2. Todos sabemos que la oración es importante, eso no es nuevo para nosotros. Pero, aunque es parte fundamental de nuestras vidas, puede generar bastante confusión.

Por ejemplo, ¿se ha preguntado cuán efectivas son realmente nuestras oraciones? ¿Nos concederá Dios cualquier cosa que le pidamos sin hacer preguntas? ¿Existirá alguna fórmula mágica que haga nuestras oraciones más efectivas? ¿Hay algunos elementos como adoración o gratitud que deberíamos tratar de incluir?

Puede que no entendamos las respuestas a estas y otras preguntas hasta que le podamos preguntar a Dios, cara a cara. Pero hay mucho que ganar indagando en las Escrituras y comenzando a formular nuestra propia visión de la oración.

¿Por qué no hacer un estudio de este misterioso asunto comenzando con la oración que nos fue dada como ejemplo? Encontrará esa oración en Lucas 11.2-4. Escriba ambos, los elementos y las actitudes que parecen estar presentes en ella. De allí que, una buena concordancia, y quizás un comentario, sean útiles a medida que explore los otros aspectos de la oración acerca de los cuales la Biblia nos informa.

Capítulo 3

Preparación para una tarea difícil

1. Pensamos en Nehemías principalmente como líder, y en verdad lo fue; lo vemos en ese papel en la mayor parte del libro. Pero, antes de ser líder, fue empleado. Y fue el carácter que desarrolló, mientras era aún sirviente, lo que lo preparó para ser tan gran líder.

Con la pluma en la mano, estudie Nehemías 2.1-10. ¿Cómo describiría la actitud de Nehemías hacia su jefe? En caso de una prueba, ¿cómo podría calificársele? A medida que lea, anote las características que hacen de Nehemías un empleado que a cualquier jefe le gustaría tener.

2. ¿Ha tenido, alguna vez, un jefe muy difícil de tratar? Quizás esté en esa situación ahora. ¿Cómo la controla?

Parte de la solución es seguir el ejemplo de Nehemías como buen empleado. Podemos encontrar la otra parte en Proverbios 21.1. «Como los repartimientos de las aguas, así está el corazón del rey en la mano de Jehová; a todo lo que quiere lo inclina».

El camino al corazón de un hombre puede ser a través de su estómago, pero al de un superior es a través del Señor. ¿Cuánto tiempo ha malgastado murmurando de su jefe en vez de orar por él? Ahora sería un buen momento para equilibrar la pesa.

Capítulo 4

La salida del punto muerto

1. Su imagen pública es la que usted usa cuando sabe que lo están observando. Su carácter es lo que usted es cuando cree que nadie lo está viendo.

Es más fácil pulir la imagen pública que concentrarse en construir un verdadero carácter. Aun así, las Escrituras nos dicen una y otra vez que Dios está más preocupado por el estado de nuestros corazones que por la impresión que causamos en otra gente.

Pero, ¿cómo vamos a hacer para desarrollar el carácter? Usted ha escuchado la expresión: «Eres lo que comes». En esa misma línea, Romanos 12.2 sugiere que somos lo que pensamos.

No os conforméis a este siglo, sino transformaos por medio de la renovación de vuestro entendimiento para que comprobéis cuál sea la buena voluntad de Dios, agradable y perfecta.

¿Y cómo vamos a renovar nuestras mentes? Pensando en cosas que son verdaderas, honestas, justas, puras, amables, todo lo que es de buen nombre; si hay virtud alguna, si algo digno de alabanza, en esto pensad. (Filipenses 4.8). Para mantener ese filtro de pensamiento en su lugar, escriba ese versículo en una tarjeta. Léalo varias veces en voz alta hasta que lo sepa de memoria.

2. ¿Tiene problemas motivando a las personas que lideriza? Sus seguidores deben estar arrastrando los pies por una de dos razones. Una, tal vez nunca les han dicho por qué su tarea es importante. Dos, quizás es demasiado grande y les agobia.

Esos judíos habían estado viviendo con un muro destruido por años antes que Nehemías llegara. ¿Cómo hizo para animarlos a reconstruirlo?

Primero, los hizo conscientes del problema; los ayudó a reconocer el peligro de su situación. Segundo, como vemos en Nehemías 3, dividió el trabajo en tareas adecuadas a los individuos. Asignó a unos para traer los ladrillos, a otros para hacer la mezcla y a otros a diseñar los portones.

¿Cuál es la tarea principal que quisiera que sus seguidores se adjudicaran? Si usted es padre, puede ser algo tan elemental como mantener la casa limpia. Si está en el ministerio, puede ser haciendo que los obreros alcancen a los perdidos. Sea lo que sea, ¿cuáles son las maneras de hacerles ver la necesidad por sí mismos? ¿Cómo puede dividir el trabajo en tareas que puedan cumplir?

No olvide elogiarlos por sus logros.

Capítulo 5

Derribados, pero no desmayados

1. ¿Piensa emplear su vida en el ministerio cristiano? Quizás ya lo esté haciendo. Si es así, sepa que, dispersos entre los sentimientos de gozo, sentido y propósitos, hay momentos de desaliento, frustración y fracaso. ¡Pero esos aspectos no le indican necesariamente que haya escogido el camino equivocado; quizás sólo le estén señalando que eso es normal! Pablo también experimentó esos sentimientos.

En las próximas dos semanas lea 2 Corintios, estudiando un capítulo por día. Tenga a mano una libreta y una pluma, y ponga sus notas en dos columnas. *Actitudes que Pablo tuvo* y *Sentimientos que Pablo tuvo*. Obtendrá nuevas perspectivas en cuanto a los problemas que enfrentará sirviendo al Señor.

2. A veces parece que entre más tratamos de hacer el bien, más trata Satanás de desalentarnos. ¿Ha sentido como que está siendo derribado demasiadas veces últimamente? Déle otra mirada a 2 de Corintios 4.8-10. Sólo por esta vez, hágalo personal. En lugar de *nosotros* y *nuestro*, sustitúyalo por *yo* y *mis*. En vez de las palabras *perseguido* y *confundido* ponga sus propias luchas, por ejemplo: «¡Estoy sumergido en proyectos imposibles, pero no voy a dejar de luchar!» Haga de ésta su propia declaración de victoria sobre los problemas que están amenazando con derrumbarlo.

3. La crítica constante puede llegar a hacernos daño y finalmente, nada sería más natural que perder el control. Pero hemos leído suficientemente los Proverbios y tenido suficientes experiencias personales para saber que ese tipo de actitudes sólo sirven para empeorar las cosas.

Ahora mismo, ¿hay en su vida una crítica importuna sermoneándole, cuyas aflicciones y refunfuños no parecen ser de Dios? En vez de morderse la lengua, suéltela... en oración. Lleve la situación hoy ante Dios y pídale su sabiduría y paciencia para tratarla.

Capítulo 6

El desánimo: Su causa y su cura

1. El camino a medias es desalentador.

A mitad de un largo viaje usted es tentado a encontrar un hotel. A mitad de una relación, pasadas las primeras agitaciones del romance, pero sin llegar a la parte buena del compromiso, usted está listo para destruirla. A mitad del camino en un proyecto difícil, usted trata de pensar en atajos.

Alcanzar la mitad del camino es fácil; lo difícil es llegar al final. Pero, regrese a la página 88 y lea otra vez la cita de Spurgeon. ¿Cree que ese principio se ha hecho realidad alguna vez en su vida? ¿Ha perseverado alguna vez en algo más de lo que pensaba que podía y encontrado que el premio es más grande de lo que esperaba? Reviva algunos de esos recuerdos antes de seguir adelante.

¿Está ahora en un punto intermedio? ¿Quizás en su matrimonio, o en su carrera? ¿Es realmente este el momento de abandonar? No tome esa decisión por impulso ni, especialmente, en un mal día. Arrodíllese. Quizás tenga que esperar por la respuesta, como hizo Nehemías en Persia; pero comience ahora el proceso antes de que dé vuelta a la página.

2. Busque Eclesiastés 4.9-12 ¿Qué dice acerca de los beneficios de la amistad?

¿Es usted parte de la «cuerda de tres dobleces»? Si piensa en Dios como la segunda cuerda, ¿quién es su tercera? Si los hilos de la amistad están deshilachándose en su vida, piense en tres cosas que pueda hacer esta semana para comenzar a repararlos o cambiarlos.

3. Cuando el desaliento llegue a su corazón, una de las mejores cosas que puede hacer es acordarse de las promesas del Señor. ¡Pero es difícil hacerlo si nunca se las ha aprendido de memoria! Seleccione una o dos para memorizarlas hoy. Si recuerda una que siempre ha querido aprender, puede escogerla. Si no está seguro de dónde encontrar una, las referencias siguientes le darán un lugar para comenzar.

Jeremías 29.11	Salmo 25.10
Isaías 26.3-4	Salmo 32.8
Filipenses 4.6-7	Salmo 34.18

De paso, si alguna vez quiere hacer una tarea agobiante, pero increíblemente alentadora, tome un libro de la Biblia, especialmente del Nuevo Testamento y trate de hacer una lista de todas las promesas que Dios nos hace. ¡Usted nunca dudará otra vez de Su amor!

Capítulo 7

El amor, los préstamos... y la falta de dinero

1.   Si en mi corazón hubiese yo mirado a la iniquidad,
      El Señor no me habría escuchado. (Salmo 66.18)

Los pecados, las «iniquidades» que veneramos en nuestros corazones, son como los ladrillos en el muro de Nehemías. Sólo este muro está erigido entre Dios y nosotros. Cada vez que pecamos, ponemos un ladrillo... y cada vez que lo confesamos, lo quitamos. Con cada pecado que deseamos ignorar, alzamos un poco más el muro que aleja a Dios de nuestras vidas. Su voz se hace un poco más difícil de escuchar y su cara un poco más trabajosa de ver. De una u otra manera, olvidamos Su presencia del todo y vivimos conformes detrás de la privacidad de nuestro muro.

¿Existen entre Dios y usted algunos ladrillos apilados? ¿Unos pocos pecados secretos que no ha confesado? Ahora es el momento de hacerlo, antes que el muro sea muy alto para ver por encima.

2. Tal y como nuestros pecados construyen un muro entre Dios y nosotros, nuestras deudas excavan un hueco del cual perdemos toda esperanza de salir.

Si está en esa situación, un libro útil es *Debt-Free Living* [Vivir libre de deudas], por Larry Burkett. Si quiere evitar esas situaciones y usar sus finanzas en un modo que glorifique a Dios lea: *Master Your Money* [Domine su dinero], de Ron Blue.

3. El mundo alrededor nuestro está lleno de pecado y no se molesta en disfrazarlo. Como cristianos, nos sentimos indignados con facilidad cuando las organizaciones no cristianas se oponen notoriamente a los principios que sabemos que Dios estima. Algunas veces hasta nos organizamos para contrarrestarlos. Pero, ¿cómo respondemos a los pecados de otros cristianos?

Cuando un amigo de la iglesia se jacta de cómo hizo trampas en su declaración de impuestos; cuando un colaborador cristiano hace un chiste asqueroso; cuando un familiar creyente lo llama a diario para chismear, ¿cómo reacciona? ¿Lo disimula? ¿Chasquea la lengua y se alegra de haber resuelto ese problema? ¿Decide que eso no es asunto suyo?

Nehemías no tomó tan a la ligera los pecados de su pueblo. ¡Es más, fue afrentado, y se los hizo saber!

Basado en las acciones de Nehemías en este capítulo, ¿cómo cree que debe reaccionar la próxima vez que un cristiano le invite a participar o aplaudir su pecado? Si está en un grupo, trate de escenificar las maneras posibles de hacerlo.

Capítulo 8

Cómo manejar una promoción

1. Nehemías hizo lo más que pudo desde su alta posición; Salomón, pese a toda su sabiduría, falló miserablemente. Comparemos a los dos hombres para ver cómo acertó Nehemías y dónde estuvo equivocado Salomón.

En otra hoja de papel, haga un diagrama con dos columnas, una encabezada con el nombre «Salomón» y la otra con «Nehemías». Ahora lea las descripciones hechas por cada hombre acerca de sí mismos, encontrará las de Salomón en Eclesiastés 2.1-11 y la de Nehemías en el libro del mismo nombre, en el capítulo 5 y en los versículos del 14 al 19. Mientras lee, anote los detalles de cómo cada hombre manejó su promoción. En la parte inferior del diagrama, describa cómo cree que cada hombre se sintió respecto a sí mismo cuando todo fue dicho y hecho.

2. ¿Ha estado anhelando una promoción? Pueden haber, por cierto, muchas razones por las cuales Dios haya pensado que es bueno que se demore. Pero solamente para eliminar una causa posible, evalúe su integridad en el trabajo que tiene ahora. En una escala de uno a diez, con este último como valor máximo, ¿cómo se calificaría? ¿Más cerca de la indulgencia egoísta de Salomón o de las normas impecables de Nehemías?

1	2	3	4	5	6	7	8	9	10
Salomón									Nehemías

Sí sus normas son puras y honestas, ciertamente debe ser felicitado, usted es en verdad, un empleado extraordinario. Pero si es como la mayoría de nosotros, su oficina podría organizarse un poco. Tal vez menos recesos por aquí, más escrupulosos archivos por allá... usted sabe dónde sus normas necesitan ser desempolvadas.

¿Qué cosa puede cambiar esta semana para hacer su trabajo más honroso a Dios?

3. De las cualidades que ha visto hasta ahora en Nehemías, ¿cuál cree que fue la más útil para mantener su balance interior mientras subía la escalera del éxito? ¿Es esta una cualidad de la cuál necesita más mientras se prepara para las posibles promociones futuras? Escoja un versículo de las Escrituras que se relacione con esta cualidad. Mantenga una copia de él a la vista, en su escritorio, para recordar, cada día, ejercitar ese músculo particular de la fe.

Capítulo 9

Operación Intimidación

1. ¿Se ha puesto alguna vez en los zapatos de Nehemías? Ha estado haciendo lo indecible para llevar a cabo un proyecto que vale la pena; uno del que está convencido que necesita su atención, pero tiene que defender de los ataques de personas que quieren socavar su trabajo.

A veces sólo desea bajar los brazos, rindiéndose. Otras, se mantiene firme pero con desaliento y frustración en el corazón.

Lo que usted necesita en ese momento es un animador. Alguien que le aliente desde las gradas y que le dé ánimo cuando su entusiasmo se desvanezca. ¿Y qué en cuanto a escuchar una voz del pasado? Como una medida de precaución para cuando lleguen esos momentos de desaliento o como un empuje cuando lo necesite, copie las palabras de Winston Churchill en una placa, una tarjeta o en cualquier cosa que le guste: «Nunca te rindas, nunca, nunca, nunca.»

2. No sólo hemos sido víctimas de una lengua vengativa; sino que hemos ejercitado la nuestra una o dos veces. El chisme es uno de los hábitos más difíciles de dejar.

Para ayudar a controlar su lengua, busque los siguientes versículos de Proverbios y escriba los principios que ofrecen.

Proverbios 4.24
6.16-19
12.13, 17-19
13.3
15.1-2,4, 23
25.8-10, 15

Capítulo 10

¿Avivamiento en Watergate?

1. María, la reina de Escocia, dijo una vez acerca de John Knox: «Temo a su lengua y a su pluma más que a todos los ejércitos de Inglaterra».

¿Qué dicen acerca de usted las personas a su alrededor? Lea Mateo 5.13-16. En sentido literal, ¿cuáles son las cualidades y los propósitos de la sal? ¿O de la luz? Escríbalos.

Ahora comience a pensar en sentido figurado. Si Cristo le llama a ser la sal y la luz del mundo, ¿qué le está pidiendo que haga? ¿Cómo pueden esas cualidades de la sal y la luz marcar la diferencia entre sus conocidos no cristianos? ¿Y entre los cristianos? ¿Cómo se relacionan esas ideas con la del avivamiento?

2. Cada uno de nosotros tiene su propio punto de vista cuando se refiere a vivir una vida cristiana; usted puede haberla escuchado mencionada como un «mensaje de vida». Para algunos es evangelismo. Para otros, es obedecer los patrones de la Biblia respecto al matrimonio. Para usted, puede ser la adoración, la constancia o el papel del Espíritu Santo en nuestras vidas.

Quizás esté familiarizado con muchos de los himnos que Charles Wesley dio a la iglesia; una lista parcial está en la página 140 de este libro. Mientras revisa las letras de ellos en su memoria o en el himnario, ¿cuál cree que fue el mensaje de vida de Charles Wesley? ¿Cómo impactó al mundo?

3. Tal vez ha pasado años embelleciendo el exterior de su vida, proveyendo las necesidades de su familia, buscando y amueblando un hogar adecuado, educando o preparándose para una carrera productiva. Pero después que el pulimento se haya aplicado, una vez que su vida esté brillante y completa, ¿siente, al igual que los judíos, que aún falta algo?

¿Cómo se ven las cosas en el interior de su vida? ¿Ha sido su corazón abandonado debido a su esfuerzo por alcanzar aquellas otras cosas que valen la pena? Al igual que la gente de la nueva y remodelada Jerusalén, venga con renunciación y arrepentimiento a escuchar esta semana la Palabra de Dios. Deje que el avivamiento comience con usted.

4. En sus relaciones con otras personas, ¿ha tratado de serlo todo para todo el mundo? Como padre, quizás ha tratado de tutorear a su hijo en matemáticas, cuando nunca ha perfeccionado sus cálculos para hacer una larga división. Como maestro de la Escuela Dominical tal vez esté tratando un proyecto de clase misionera, cuando la administración, simplemente, no es su don.

Es noble de su parte tratar de hacerlo todo. Pero, ¡no es necesario! Para eso está el cuerpo de Cristo. Aun Nehemías se sintió libre para delegar en Esdras la enseñanza de su pueblo.

¿Qué tarea está tratando de hacer que no está realmente en su camino? ¿A quién puede pedir ayuda para que tome esa responsabilidad?

5. Las vidas de grandes cristianos a través de los años, pueden ser ambas cosas, intrigantes e inspiradoras. ¿Ha leído alguna vez respecto a ellos? Puede disfrutar de un devocionario que cuente las historias de cristianos antiguos y contemporáneos alrededor del mundo. Algunos de ellos le serán familiares, otros no. El libro se llama *Historias Sagradas* y fue escrito por Ruth A. Tucker.

Capítulo 11

El magnífico arte del discernimiento

1. Quizás ha oído el refrán acerca de personas que domingo tras domingo se sientan en los bancos de la iglesia, oyendo el sermón y aun tomando notas; pero que se van de cada servicio tal y como llegaron; sin cambios en su vida. Son los llamados «Calienta bancos».

Esa frase describe a la gente que tiene mucha información pero no discernimiento. ¿Cómo describiría la diferencia entre información y discernimiento? Viendo de cerca su propia vida, ¿de cuál diría que tiene más?

Aunque haya contestado uno u otro, examine por qué respondió así. Puede encontrar algunas de las razones en las tres especificaciones en cuanto a obtener discernimiento que leyó en las páginas 151 y 152:

- Se necesita tiempo
- Se necesita la gente apropiada
- Se necesita la actitud adecuada

2. Quizás haya tenido problema al evaluar si está obteniendo más información o discernimiento. Hay un modo de saberlo, ¡mire los resultados! Califíquese en las dos áreas siguientes:

¿Estoy caminando en obediencia total?

De ningún modo   Un poco   Bastante   Tanto como puedo

*¿He descubierto la genuina felicidad
(contentamiento, gozo, plenitud)?*

No del todo   Muy poco   Algo   Mucho

3. Como ninguno de nosotros, en verdad, va a «llegar» espiritualmente hasta que alcancemos el cielo, es muy probable que una o más de las áreas mencionadas anteriormente sean un poco escasas en su vida. ¿Cuál diría que es la que necesita cambiar con más urgencia? ¿Qué puede hacer acerca de eso?

Si es de *tiempo* lo que carece, quizás necesite reorganizar sus prioridades. Si es la *gente*, tal vez sería útil asistir a una conferencia o campamento, donde sepa que la enseñanza va a ser excepcional, o quizás pudiera simplemente, comenzar a asistir a un estudio bíblico impartido por alguien que conozca en verdad las Escrituras. Si es *actitud* con lo que está batallando, usted es quien mejor puede decir lo que necesita hacer; así sea decidiéndose a escuchar verdaderamente el sermón en lugar de garabatear en el boletín o hacer citas para conversar con su pastor o consejero acerca de los asuntos profundos que le impiden ser receptivo por completo a la Palabra de Dios.

Escoja usted el camino. ¿Cuál es su plan de acción?

Capítulo 12

Primero lo primero

1. ¿Es usted pensador y planificador o tiende a lanzarse a ciegas? Hay veces en que la espontaneidad es una maravillosa cualidad, pero las

decisiones importantes y los planes a largo plazo requieren una consideración más cuidadosa.

Cuando piensa acerca de la gente que dirige, ya sea su familia o sus empleados, ¿hay algunos asuntos a los que siente necesidad de dedicarse con más profundidad? ¿Ha estado haciendo decisiones a la ligera que se convierten rápidamente en reglas, sólo porque no ha tenido tiempo para pensar en una solución mejor? Quizás acerca de la hora de llegada de su hija o del comportamiento de su hijo en la escuela, o respecto a los procedimientos en el trabajo.

Haga una lista de los asuntos importantes que se han rezagado; déles prioridad según el orden de urgencia. ¿Cuál necesita primero su atención? ¿Cuándo se va a sentar a trabajar en ese aspecto?

2. ¿Ha considerado un cambio importante de vida para el futuro próximo, como un nuevo trabajo, una mudanza, un posible matrimonio? ¿Ha estado pensando en abordar un proyecto grande de remodelación o de tomar nuevas responsabilidades en la iglesia o en su comunidad?

Riesgos como esos son buenos para nosotros, son las oportunidades de ejercitar la fe. Pero no significan que tengamos que decidirlos por impulso.

Lea Lucas 14.28-31 y haga un resumen de lo que dice. Ahora calcule el costo —emocional, financiera y espiritualmente— de su nuevo empeño y su factibilidad. ¿Es práctico? ¿Es ahora el momento oportuno? ¿Está listo para pagar el precio?

3. ¿Captó la cita de Keith Miller en la página 165? Regrese y léala una vez más, comparándola con 1 Corintios 6.19-20. ¿Cómo cree que se relacionan las dos? ¿De qué modo seríamos diferentes, como cristianos, si verdaderamente aplicáramos el pasaje de las Escrituras? ¿En qué manera sería personalmente distinto?

4. Hemos estudiado brevemente, en Nehemías 10.28-39, el pacto que los judíos hicieron ante Dios. ¿Recuerda los elementos principales de ese convenio? Si no, revíselos volviendo a ese capítulo en nuestro libro.

¿Estaría dispuesto a hacer un pacto similar con Dios? Teniendo en cuenta el *espíritu* del acuerdo de los judíos, en vez de los detalles en sí, fíjese cómo los versículos siguientes del Nuevo Testamento hacen un paralelo con algunas de las ideas contenidas en ese pacto. Entonces, si está listo para contraer el compromiso, escriba su propio pacto con Dios.

Esto puede ser una nueva actividad para realizar con su esposo/a o incluso con toda su familia, dependiendo de la edad de sus hijos.

Mateo 6.19-21
Hechos 20.35
Efesios 5.22—6.4
Colosenses 3.18-21
Hebreos 13.15
1 Pedro 1.14

Capítulo 13

Los voluntarios desconocidos

1. Piense por un momento en las cosas buenas de su vida; no las materiales, sino las emocionales y espirituales. La herencia que le dejó la gente que le quiere y que han pasado por su camino.

¿Quiénes son, en su vida, los «voluntarios desconocidos»? Tal vez no haya recuerdos de ellos en su hogar, pero casi seguro que sí en su corazón. ¿Les ha dicho últimamente lo que han significado para usted? Sí ya no están entre nosotros, ¿le ha dado gracias a Dios por las riquezas que Él le ha brindado a través de ellos?

Tómese algún tiempo ahora para reconocer a esas personas cuyo amor o guía han hecho una diferencia en su vida. Escriba una nota, haga una llamada, ofrezca una oración... Pero hágalo hoy.

2. ¿Recuerda el primer ejercicio del capítulo 1 de este libro? Si tuvo problema identificándose a sí mismo como líder, también puede luchar con el asunto del esfuerzo irreconocido. Sobre todo si está sirviendo de guía en una actividad no oficial.

Si no tuvo dificultad identificando a sus seguidores... si su posición de liderazgo es al frente y bien visible, puede dejar de luchar contra la presunción que viene con facilidad a través de la aprobación de la gente. Es más, puede convertirse en un adicto a ella.

¿Con cuál categoría puede relacionarse más?

Cualquiera que sea, Mateo 6.21 tiene algunas palabras de sabiduría para usted. Parafraséelas, escribiéndolas en palabras que le hagan la advertencia que mejor defina su situación.

3. ¿Fue el último ejercicio un poco desalentador? No importa cuán altruistas seamos, hay un rincón en nuestra alma que tiene la necesidad

de la apreciación y el reconocimiento por un trabajo bien hecho. Eso es lo que nos mantiene vivos, listos para esforzarnos en hacer las cosas mucho mejor.

Dios no nos pide negar esa necesidad. Sólo desea ser el que la llene.

Como recordatorio alentador de su constante reconocimiento de nuestros esfuerzos, aprenda de memoria Hebreos 6.10 o escríbalo en una placa o tarjeta. ¡Le servirá como un espaldarazo espiritual en el momento que lo necesite!

Capítulo 14

La felicidad está en el muro

1. Todos y cada uno de nosotros ansiamos la felicidad. Algunas veces, aun en nuestra búsqueda de ella, tomamos el camino equivocado.

¿Qué observa en busca de la felicidad? ¡Sea sincero! Escriba las tres primeras cosas que vengan a su mente.

Verdaderamente, Dios nos ha dado muchas cosas para disfrutar. Pero Él quiere que nuestro gozo sea más duradero que el que los placeres pasajeros puedan proveer. Busque los versículos a continuación. Mientras los lea, haga un diagrama en otra hoja de papel, anote las referencias a un lado y la fuente de gozo que describen al otro.

Romanos 14.17
Gálatas 5.22
Santiago 1.2
1 Juan 1.4
Job 33.23-26
Salmo 21.6

2. La felicidad no es sólo un lujo que se espera en este mundo. ¡Es una necesidad absoluta! Y, como vimos en nuestra lección de hoy, es contagiosa y alcanzable.

¿En qué manera está ayudando a esparcir la enfermedad? ¿Recuerda Filipenses 4.8? Si mantiene su mente en las cosas que ese versículo dice, no va a tener mucha dificultad en mostrar una sonrisa.

¿Tratará de ser infeccioso según pasa el día? ¡Propóngase como meta lograr que una persona le sonría a otra!

Capítulo 15

Los problemas hay que asirlos por la cabeza

1. Cuando Nehemías regresó a Jerusalén y encontró a Tobías viviendo en la casa de Dios se puso lívido. ¿Por qué cree que se molestó tanto? ¿Qué daño pudo ocasionar el solo hecho de haber dejado a Tobías ocupar un cuarto o dos en el templo? Los siguientes pasajes pueden ayudarle con su respuesta.

Proverbios 13.20
1 Corintios 15.33
2 Corintios 6.14-18

Según lo que acaba de leer, ¿hay alguien o algo que necesita ser expulsado de su vida?

2. Los cristianos tendemos a avergonzarnos en vez de enojarnos. También nos sentimos mejor no entrometiéndonos en los asuntos de otras personas; si hacerlo implica una confrontación desagradable.

Pero Nehemías no tuvo esos problemas. Se molestó mucho cuando vio a su gente romper sus promesas con Dios, promesas que habían hecho en sus reuniones. Dondequiera que vio que se estaba haciendo algo equivocado, se metió e hizo lo mejor que pudo para detenerlo.

¿Cómo se comporta cuando se indigna con razón? ¿Hay algo hoy que le haga hervir la sangre? ¿Está haciendo algo respecto a eso?

3. Tal vez esté tratando hoy con un problema que necesita asir por la cabeza, pero no es el mismo tipo de problema que Nehemías tuvo que enfrentar. Quizás, en vez del mal comportamiento de sus seguidores, tenga que ver con su propia subsistencia física o emocional. Los daños emocionales y las incapacidades físicas pueden afectar a cualquiera, aun a los líderes... como a Beethoven.

¿Necesita una dosis de determinación como la que mantuvo a Beethoven en su teclado? Si es así, aparte un tiempo para hacerse un obsequio, leyendo el libro de Tim Hansel, *You Gotta Keep Dancin* [Tienes que mantenerte bailando]. Escrito por un hombre que vive a diario con un dolor físico increíble; esta obra será el empuje que usted necesita para levantarse y hacer otro intento heroico en la vida.

Printed in the USA
CPSIA information can be obtained
at www.ICGtesting.com
JSHW011406220424
61653JS00008B/74

9 780881 133158